仲宗根勇

沖縄差別と闘う

悠久の自立を求めて

未來社

沖縄差別と闘う——悠久の自立を求めて◇目次

第一部　憲法危機のなかの沖縄自立

第二部　自立・沖縄の夢とうつつと

第三部　状況のなかの自立思想

装幀——高麗隆彦

沖縄差別と闘う——悠久の自立を求めて

第一部　憲法危機のなかの沖縄自立

ガッティンナラン！　政府主催「主権回復・国際社会復帰を記念する式典」

二〇一三年四月二十八日、安倍晋三内閣は、政府主催の「主権回復・国際社会復帰を記念する式典」を東京・永田町の憲政記念館で挙行した。

その「式典」の進行と同じ日時に、わたしは、宜野湾海浜公園屋外劇場での「4・28【屈辱の日】沖縄大会」に参加した万余の大衆のなかにいた。「所詮〝国家〟とはそんなものさ。日本国家とは……。」と醒めた孤独な自分がいる一方、大衆のなかで大衆とともに怒り、悲しみ、絶望する、なんとも名状しがたい複雑な精神状態に落ち込み、何故か溢れ出る悔し涙を拭い、流れ落ちる鼻水をクスンクスンと鼻腔に吸い上げる自分に喝采を送る別の自分がいて、大衆とともに、「式典」にたいし「ガッティンナラン！」「ガッティンナラン！」「ガッティンナラン！」とシュプレヒコールしていたのだ。

「ガッティンナラン」とは「合点がゆかない」という、強い怒りと不同意を表現する琉球語である。これまでこの種の県民大会では見られなかった琉球語によるスローガンとシュプレヒコールが、その日初めて登場したのだ。このことが意味するのは、日本本土とは異別の地域共同体としての沖縄が、はっきりと「沖縄の意思と力」を、みずから日本全体、世界に向けて発信したということである。つまり、沖縄自立への新たな序章が始まったことを、沖縄の民衆が誇らかに宣言するものであった。

「式典」において、安倍首相は、「日本を、私たちの大切な国をもっと良い美しい国にしていく責任を負っています。」「沖縄が経てきた辛苦にただ深く思いを寄せる努力をなすべきだということを訴えようと思います。」（同日のTBSテレビ「NEWS23」放送から）などと挨拶した。

「式典」には天皇・皇后が出席し、「君が代」が歌われたが、天皇の「お言葉」はなかった。沖縄県知事の代理出席者・副知事を含む三権の高位高官たち何百人もの出席者たち。安倍首相、そしてそのそばに座を占めた、サンフランシスコ講和条約を締結した吉田茂首相を祖父にもつ麻生副総理。これら出席者たちの無表情を装った自己満足気な面相とは異なり、その口元を「へ」の字に歪めて立つ天皇の表情のなかに、「国政に関する権能を有しない」（憲法四条）天皇の、政治的なことにもの言えぬ苦衷が見て取れた。「式典」終了直後、天皇・皇后が退席するさいに、出席者のなかから突如「テンノウヘイカバンザーイ！」の声が発せられ、万歳三唱された。

天皇は、これまで幾度も「沖縄」に関しての「思い」を、おりに触れて語ってきた。震災被災者やハンセン病、水俣病など日本社会における弱者にたいして慰問などで示す天皇・皇后の人間的な表情は、繰り返された沖縄訪問にさいして、同じように、一般の沖縄県民に強く印象づけただろう。戦時中、沖縄から九州に向かっていた学童疎開船「対馬丸」が撃沈され多数の犠牲者を出した。今年（二〇一四年）六月末に天皇・皇后がその犠牲者を慰霊する記念館を訪問した。その訪問等にも触れながら、「我々は、史上かつて例のない新しい天皇の姿を見ているのではないだろうか。（中略）

これほど自覚的で明快な思想の表現者である天皇をこの国の民が戴《いただ》いたことはなかった。」（二〇一四年八月五日付「朝日新聞」夕刊「終わりと始まり」）と述べる、『古事記』の現代語訳に取り組んでいるというある作家の言説は現代天皇（制）についてのひとつの見解を示しているのだろう。

　憲法上、「国政に関する権能を有しない」天皇が、日本国憲法の大切さに触れた発言をしたことが、最近、「朝日新聞」等で報道された。安倍政権のもとで急速な胎動を見せている憲法の危機的状況にたいする懸念をプロテストをこめた「思い」として、その心中を吐露したものと推察される。その意味において、無知蒙昧を装って憲法無効化を画策する安倍内閣の「切れ目のない」（安倍内閣の常套句）反動政策を考えると、天皇制についての学問的認識は横において、わたしが、ひとりの人間としての現天皇にたいし、明治憲法下、陸海軍を統帥し、日本軍国主義の頂点にいながら戦勝国の直接統治下の戦後ドイツと異なり、日本政府を存続させた間接統治下で、ＧＨＱの占領戦略ゆえにその戦争責任を免れた昭和天皇にたいするのとはちがうある種の「人間性」を感じてしまうのもやむをえないものがあると思う。内閣の政治的意図がどうであれ、現天皇に昭和天皇の行為を「追認」する意思がないものとの前提のもとでの話だが……。

　「４・28【屈辱の日】沖縄大会」の様子を伝えた、インターネット「ユーチューブ」の投稿欄に大会参加者を嘲笑する薄汚い右翼的書き込みがあふれたなかで、わたしは、書き込んだ。「憲法の象徴天皇主義に反する明らかな天皇の政治利用、国民栄誉賞で野球選手を政治的に利用、国民背番号制の導入、憲法改悪へと柔和な顔に牙を潜めた安倍晋三一派の恐るべき軍国ニッポンへの道は、ワイマール民主体制をまんまと転覆したヒトラー政権の相似形だ。日本国民の体制順応主義とマスコミの批判精神の衰弱がふたたび日本を崩壊させる。現在はその『戦前』なのではないか」と。

安倍晋三首相は、東條内閣商工相として日米開戦に副署し、戦争責任を問われたA級戦犯岸信介を祖父にもつ。岸信介は、戦犯として巣鴨刑務所に入れられ三年余の獄中生活を送った。岸は、東條以下他のA級戦犯が処刑されたちょうどそのころ、GHQの政策変更で一九四八年十二月に運良く巣鴨を不起訴処分で出所したが、公職追放の身になっていた。だが、サンフランシスコ講和条約の発効により追放解除となり、一九五三年四月の総選挙で当選して政界復帰をはたし、吉田政権との角逐を経て首相の座につき、六〇年安保闘争が最高潮に達し、「議会制民主主義の危機」「岸を倒せ」というデモ隊の声が巷にあふれたなか、日米新安保条約の自然成立を待って退陣した人物である。

そうすると、安倍晋三首相にとって、サンフランシスコ講和条約の発効が、GHQの占領支配から脱して日本国が主権を回復し国際社会へ復帰したという国家の「公事」であると同時に、安倍晋三という個人の「祖父岸信介の公職回復・国政復帰を記念する」「私事」性をも秘めていたことになるわけだ。つまり、この「式典」は、筋金入りの憲法改正・再軍備論者だった岸信介の宿望をはたすべく特異な家系に生まれた安倍晋三という世襲議員の個人的欲望、偏狭な右翼的歴史観に端を発したはずである。「戦後レジームからの脱却」を叫びながら、それと矛盾するアメリカへの従属・軍事的一体化をめざす安倍晋三の政治信条にいう「戦後レジーム」とは、敗戦から一九五二年のサンフランシスコ講和条約発効までの、明治憲法下の封建遺制を排してGHQ主導で民主化された日本の国家体制そのものを意味するはずであるが、「脱却」すべきと彼が唱えるその主要な標的は、GHQに憲法を「押しつけられた」と憲法改正＝「自主憲法」論者らが等しく強弁する「日本国憲法」そのものであることは明白である。

安倍内閣は、二〇一三年の年末、国家安全保障会議の設置法ならびに安保にかかわる情報管理の徹底と情報漏洩をした公務員への罰則を強化し、同時に国民の「知る権利」に網をかけることになるだろう特定秘密保護法を強行成立させた。そして、ついに二〇一四年七月一日、他国への武力攻撃に自衛隊が反撃する集団的自衛権の行使を認めるための憲法解釈を変更する閣議決定をおこなった。歴代のすべての内閣が憲法九条の有権解釈として集団的自衛権の行使を否定してきたにもかかわらず、御用学者ら「お友だち」を集めた首相のたんなる私的諮問懇談会（安保法制懇）の報告書をあたかも法的効力があるかのごとく金科玉条とし、自民・公明両党の芝居がかった与党密室協議によって、いとも簡単に従来の有権解釈を覆滅したのだ。安倍政権は、ついに「ルビコンを渡った」のである。日本国憲法はいまや風前の灯となった。この「式典」の開催自体も、日本国憲法の改悪・廃絶をめざしての巧妙な世論操作の一環として、安倍一派の「知恵者」によって構想されたものであろう。

サンフランシスコ講和条約により日本から分断されて以来、「4・28」に遺恨を持ち続けてきた沖縄の民衆の顔に唾を吐きかけるに等しい、この恥知らずな「式典」への前駆的行為となったものは、民主党政権末期に安倍晋三総裁下の野党自民党が、四月二十八日を国民の祝日とする「改正祝日法案」を国会に提出したことに発する。自民党は、サンフランシスコ講和条約発効六〇周年にあたる二〇一二年の施行をめざしていたが、衆議院の解散により廃案となったものであった。「国家」が生き残るためには人民を「里子」に差し出し領土と主権をどこかの親「国家」に里子とともに放棄することなどは序の口で、必要とあらば「里子」に出したその子を絞殺することもあえて辞さないのが、巨大なリヴァイアサンとしての「国家」の冷徹な本質なのだ。

一八八〇年、「琉球処分」の過程で、その総仕上げとして、明治政府が中国内での自由な通商権獲得と引き換えに、八重山と宮古を清国に割譲しようとした分島増約案（これは、調印寸前に中国の翻意で不発のまま発効しなかった）、そしてサンフランシスコ講和条約による沖縄の切り離しとこれを祝うこの「式典」こそは、まさに、国家がその冷徹な本質と論理を露わにした、図式どおりの歴史的例証にほかならない。

サンフランシスコ講和条約第三条によって、沖縄が「里子」に出され、アメリカの軍事的植民地として日本国家から分断されたその日を、当初「祝典」として構想した安倍政権は、内外の異見や沖縄の憤激を恐れてか、その「祝典」性を薄める式次第とはなった。

この「式典」開催は、戦前・戦後の沖縄の歴史において、日本国家と本土日本人がいかなる存在であったかを、沖縄の民衆に改めて象徴的に思い起こさせることとなった。すなわち、明治＝天皇制国家による「琉球処分」から始まる沖縄への苛斂誅求。苛烈な沖縄戦においては、法的根拠なしに満一七歳から満四五歳までの男子と七〇歳を超す老人をも組み入れた防衛隊や中学生以上の男女の学徒隊を含む沖縄県民を根こそぎ動員して陣地構築労働や食糧・弾薬の運搬作業、武器をもたせての戦闘参加などで戦火にさらし殺傷させた無法行為。民間からの食料略奪。兵舎として地域の民間家屋の強制的使用。戦時中琉球語を使う者や壕から出て敵に投降する県民を〈スパイ〉扱いしての虐殺行為。銃剣を振るっての泣き止まない乳児と母親の壕からの追い出し。日本軍は、こうして県民を「鉄の暴風」の真只中に身を晒《さら》させたのだ。さらに、本土防衛・決戦のための沖縄を捨て石にした大本営の卑劣かつ愚劣な持久戦略の結果、ポツダム宣言受諾による無条件降伏後も事実上なお続いた戦闘により民間人を長期間戦場に巻き込んだ。その結果、四人にひとりの沖縄県民の命が奪われ、軍人より多い十数万人の民間人の名前を「平和の礎」の死者台帳に彫り込ませる惨劇を招いたのだった。そして、日本国家は、戦後二七年間にわたり、沖縄の戦後社会をアメリカの過酷な軍事支配下に投げ入れ、軍事基地建設のための銃剣とブルドーザーによる米軍の土地強制接収など、基本的人権を侵害され無視され続けた沖縄人の人権状況を放置し続けてきたのであった。その挙句のはてに、世論とともに、当時日本を代表する多くの学者たちの主張としてもあった、すべての連合国諸国との全面講和、軍事基地の設置に反対、中立不可侵と国際連合への加入を希望する声を無視して、サンフランシスコでの単独講和条約によって沖縄を「質草」としてアメリカに差し出し、同時に日米安保条約という軍事同盟を締結したのである。

沖縄の民衆がいかなるかたちでも関与しなかった国家の恣意と取引の結果として、明治の「琉球処分」につづく昭和＝民主制国家による「琉球処分」がまたしても断行されたのである。講和条約によって、沖縄戦直後からのアメリカの沖縄にたいする裸の軍事支配は国際法上の認知を得たかたちとなった。

まさにその沖縄の「屈辱の日」を、日本の「主権回復」の日として祝い記念する行為こそは、安倍晋三内閣およびその背後にいる、日米安保の利益を享受していながら、その負担を沖縄に超過剰に押しつけて恥じない本土日本人の傲慢な沖縄差別にほかならず、沖縄県民を「化外の民」としてその人間存在を冒瀆し無視する以外のなにものでもない。講和条約において、沖縄と沖縄人は「人間」としてではなく、日本国家の「質草」たる「モノ」としての扱いを受けたのである。

普天間基地返還合意――辺野古移設を強行する安倍「壊憲」政権

沖縄県民は、復帰運動のなかで、復帰の前から四月二十八日を「屈辱の日」として講和条約第三条の撤廃を求め続けてきた。

しかし、復帰後も沖縄をめぐる状況はなんら変わらず、沖縄の米軍基地は、日米安保条約によって継続使用されることになった。本土の米軍基地は過半数が返還されたが、沖縄基地の整理縮小はわずかであった。面積が全国の〇・六％にすぎない沖縄の地に日本全体の米軍専用施設の七割以上が配置されている状態が続く。じつに、沖縄本島の二割は米軍基地に占拠されている。基地は陸上だけでなく、空や海にも米軍の訓練域が広がっている。沖縄基地の機能は強化拡大され、アメリカはいまなお、沖縄を「太平洋の要石」(Keystone of the Pacific)として重視し、日本政府の「思いやり予算」でその維持費のほとんどが賄われてきた。基地の荷重負担から生ずる犯罪等の事件事故・騒音・環境破壊によって、県民に多大な被害を与え続けていた。そのような状況下で、一九九五年九月四日に起こった米兵三人による少女暴行事件は沖縄社会に大きな衝撃を広げ、しばらく低迷気味の反基地の県民世論を揺り動かした。

この暴行事件を糾弾するとともに、日米地位協定の見直しを求める「沖縄県民総決起大会」に八万五〇〇〇人の人びとが参加し、大会挨拶をした大田昌秀知事は「こどもの命を守れなかった」ことを謝罪して、大衆とともに戦う決意を表明した。沖縄の基地への怒りは最高潮に達し、復帰後最大規模の大衆運動となった。

この大衆運動の盛り上がりに、米軍基地存続の危機意識を抱いた日米両政府は、一九九六年四月、県内移設を条件として、普天間飛行場の全面返還に合意した。移設先とされた名護市辺野古沖の基地建設には地元の反対が強く、一九九七年十二月の住民投票で市民の過半数が受け入れ反対の意思表示をしたが、ときの名護市長は「北部振興策を首相が約束した」などとして、独断で受け入れを表明して市長を辞任した。そのときの大田県政は、住民の民意に沿って移設拒否を表明したが、一九九八年二月、市長辞任にともなう名護市長選挙では、住民投票とは逆に移設賛成派の候補者が当選した。同年十一月の県知事選挙でも「県外移設」を掲げた現職の大田昌秀が経済振興を主張した保守派の稲嶺恵一に敗れた。

稲嶺県政は、一九九九年十一月に、移設先として「名護市辺野古の沿岸域」を提示して、正式に受け入れを表明し、ついで名護市長も受け入れを表明した。しかし、その後の名護市長選挙で「陸にも海にも新基地は作らせない」と公約した稲嶺進が市長に当選し、二〇一四年一月に自民党推薦の候補に大差をつけて再選された。自民党推薦候補の選挙運動は、埋め立て承認をした知事や県選出の自民党国会議員ばかりでなく、政府の大物閣僚や自民党本部が続々名護入りしての全面的支援を受け、振興策を振りまいたが、もはや政府が幻想した「金で動く」名護市民ではなかった。

つまり、日米両政府の普天間基地返還合意に発した辺野古新基地問題は、長い期間が経過するなかで紆余曲折を経てなんらの進展も見せず、沖縄の基地問題の中核的問題として存在し続けてきたのであった。

それから幾星霜を重ねた現在、「普天間基地の県外移設」の選挙公約を掲げて県知事の座を得た男が、安倍政権の手練手管に乗せられ、「いい正月を迎えて」恥じらいもなく自らの選挙公約を反《ほ》故《ご》にして二〇一三年十二月末に承認した辺野古の「埋め立て承認」。それを錦の御旗にして、安倍政権が現在進行形で進めている海兵隊普天間基地の辺野古への新基地移設の強行策動は、集団的自衛権容認の閣議決定をしたまさにその日に辺野古移設の工事着手をも閣議決定したことで現実化した。それはまさしく、安倍一派の沖縄県民にたいする侮蔑的挑戦である。そして、「移設」を「県民に丁寧に説明する」と揉み手しつつ言い繕う安倍政権は、その権力の凶暴な正体を露わにして、早くも移設反対の県民に強権的に襲いかかっている。この文章を書いている二〇一四年七月二十八日現在、移設予定地現場において恐るべき事態が進行している。それは、移設の本格工事の今後の帰趨を予感させるものだ。移設予定地に近い米軍キャンプ・シュワブのゲート前には、何日も前から「夜陰に乗じて」(この卑劣な手法は、深夜の「環境評価書」の県庁守衛室放り込み事件など、安倍内閣の指揮下でなされる、沖縄防衛局の「公務」執行の見え透いた常套手段となっている)基地内に移設工事用資材の運び込みをはじめた何台もの大型トラックを目の前にして、移設反対の意思表示をしようと集まった人びとを県警の警官隊がゴボー抜きし、老女さえも警官が数人がかりで実力行使して排除する阿鼻叫喚の地獄図を現出する一方、北部地区の移設賛成の漁師らを雇い、ひとり一日五万円の日当を払って移設先付近の海上警備をさせている。安倍内閣は、古来からの支配者の「アメとムチ」の統治手法を縦横無尽に使い切っているのだ。

日本の民主政治のもとにおいて、安倍内閣が、沖縄の民意を平然と無視し続け、辺野古基地建設工事を強行し続けるなら、一九五五年前後に土地強制接収の米軍ブルドーザーの前に立ちはだかった伊江島や伊佐浜の農民たちの歴史を超えて、「辺野古」が第二の「成田」闘争へ転化しないとは言い切れない。

しかし、戦争体験者や年配者もかなり多い闘争現場では「非暴力」手段による意思表示しかできないし、それ以外の意思表示の方法は限られている。しかし、「非暴力」の方法に限界はない。たとえば、ひとつの夢想だが、機動隊をはるかに上回る数の住民が、順繰り割り当てのかたちで、入れ代わり立ち代わり、辺野古へ向かう基地工事車両の通る各地の道路上に寝転ぶダイイン（die-in）をすることによって、南から北へ向かう工事用資材運搬車両を阻止することができないか。

一〇万人近い県民が結集して県民大会で決議し、さらに、二〇一三年一月二十八日、オスプレイ配備撤回と米軍普天間基地の閉鎖・県内移設の断念を求めて沖縄四一市町村すべての首長、議会議長、県議会議長らが署名して沖縄の総意を示した「建白書」（この「建白書」にひそむ問題については、後述）を安倍内閣に提出したにもかかわらず、これを一顧だにせず、平然とその事故多発の欠陥機・新型輸送機オスプレイの強制配備を続け、東村高江へのヘリパッド基地建設を強行するなど、第二次安倍内閣発足から現在に連なる政治過程が典型的に示すように、敵と密通する沖縄の内なる「ユダ」の裏切りを許しつつ、沖縄はつねに日本国家に都合のいいように騙され、利用され、沖縄人どうし戦わされる悲劇を繰り返してきた。沖縄人は「半日本人」あるいは「非日本人」として蔑視されてきたのだ。沖縄は、「非国民」の住まう日本にあらざる辺境にすぎないのか。そうでなければ、「屈辱の日」にあのような政府「式典」を厚顔無恥にも開けるはずはない。すこしまともな良識＝常識とすこしばかりの歴史の知識があれば、そのような企ては、マンガ的な一片のブラックユーモアかまったくの噴飯物、そうでなければ狂気の沙汰として一蹴されるところであろう。しかし、驚くべきことに、国の三権の長、閣僚、都道府県知事などが雁首を揃えて、嬉々として「テンノウヘイカバンザーイ！」を大まじめに叫んだのだ。

民主・平和・人権の高邁なる理想に燃え世界に冠たる日本国憲法は、明治期の自由民権思想に連なる多種多様の民間憲法草案や世界各国の憲法とその思想および長年の人類史の叡智を集めて起草された。それは、日本軍国主義が引き起こした無謀な戦争・敗戦にたいする反省に立って、初の婦人参政権を認めた普通選挙で選ばれた議員で構成する帝国議会で約四か月の審議を経て、米軍占領下の沖縄の県民を除く日本国民が選び取ったものである。安倍首相の「お友だち」のひとりであるジャナーリスト・桜井よしこは「日本の現行憲法は、憲法を知らないＧＨＱの素人集団が短期間でつくったもので、専門家によるチェックもなかった」と述べている（二〇一四年五月三日付「朝日新聞」）。彼女ほど、賢《さか》しらな口をきく、「押しつけ憲法」論者の笑うべき無知蒙昧ぶりを典型的に表現している人物はいないであろう。おそらく、この女性は、まともな日本国憲法制定史の一冊も読んだことがなく、憲法も知らず、右翼的思想をバックにした、知ったかぶりの講演で憲法に無知な聴衆をたぶらかしているに相違ない。「ＧＨＱの素人集団」？　冗談も休み休み言えと言いたい。ＧＨＱ憲法草案の起草にあたったＧＨＱ民政局の起草委員二五名は気鋭の専門家集団で、中心的な運営委員会のメンバーはすべてハーバードやスタンフォードのロースクールを出た弁護士出身で、自由主義思想をもつ法律家であったのだ。彼らは鈴木安蔵、高野岩三郎、森戸辰男らの憲法研究会案や日本の他の種々の民間草案も研究して、彼らの草案（いわゆる「マッカーサー草案」）起草の参考にしたのだ。日本国憲法を「押しつけられた」と感じたのは、天皇制を守ること、「国体の護持」以外の思想をもちえなかった当時の日本の支配層＝日本政府だけであって、彼らは、自ら新憲法を起草制定する機会をＧＨＱから与えられながら、敗戦とポツダム宣言の国際的・歴史的意味を真に理解できなかったがゆえに、明治憲法の焼きなおしの草案しかＧＨＱに提出できなかった。その結果、その内容に絶望したＧＨＱをして自ら草案作成をさせる羽目に陥ったのである。その草案を基にした政府案が、はじめての普通選挙で選ばれた議員で構成する帝国議会で自由闊達に審議されて、憲法研究会案にあった「生存権」（憲法二五条）などが新設され、義務教育期間が延長され、九条の修正がされるなど、基本的にはＧＨＱ草案にもとづくとはいえ、日本国憲法は、国民が歓迎し選び取った自主憲法であることは動かしえない歴史的事実なのである。

歴史的には憲法という文書は、革命と硝煙のなかで書かれることが多いが、太平洋戦争で日本がアジア諸国に与えた惨禍にたいする反省と平和国家への誓いを込め、日本国民は、敗戦の「果実」として、日本国憲法を平和のうちに自主的に制定したのである。しかし、いまや安倍内閣のもとでその憲法が構想した民主主義は機能せず、主権者たる国民の抵抗も微弱で、立憲主義が形骸化され、憲法が立ち枯れたまま、日本は独裁国家へと発狂したのか。

投票価値不平等の憲法違反の不合理な選挙制度のもと、有権者の半数にも満たない支持率で得た、「正当に選挙された代表者」（憲法前文）とは言えない圧倒的多数の自党議員の「数」のうえに鎮座しているにすぎない、ひとりの偏執狂的な総理大臣およびその権力に擦り寄る迎合集団＝「オトモダチ」同盟による法的に見えざるアベ独裁体制となって……。

沖縄全戦没者追悼式などにおいて述べられる、「沖縄の辛苦に寄り添う」などという、安倍晋三首相およびその閣僚らの常套句ほど人間的退廃を示す言葉はない。それは、いま現在進行している辺野古移設工事の強行着手がハッキリ示すように、心にもない言辞を弄する嘘つき政治屋の生理と病理を鮮やかに示しているからだ。普天間基地の移設問題で常用される沖縄の「基地負担の軽減」などという政治用語も、その底意は「鴻毛の軽きに比せ」られる類のものでしかないであろう。「沖縄の基地負担の軽減のため」を前口上とする安倍内閣のダマシ文句で、九州など日本本土各地の飛行場や基地に自衛隊が導入予定のオスプレイ基地の配備を押しつけ、オスプレイを日本全域で飛行させ、日米軍事一体化の軍国ニッポンへひた走る安倍政権の次なる策動は目に見えている。「沖縄の基地負担軽減のため」と言われれば、基地負担の平等負担の建前論から、本土の自治体が政府提案を拒否する論理は立ちにくくなる。「基地負担の軽減」というフレーズは、日米軍事一体化を遂行している安倍内閣の沖縄および本土各県を懐柔するための、巧妙なる政治言語に転化したのだ。

それにしても、わたし個人にとって、シニカルな思考とともに沸きおこった怒り、悲しみ、絶望の入り混じった感情は、何に淵源していたのであろうか。おそらく、それは、わたしの個人史において、いたずらに馬齢を重ねて、青年期から自分なりに蓄積したはずの青年の思想を「現実」に生かせず、自己展開を十全になしえていないという情けない自分自身の「現在」への怒り、悲しみでもあっただろう。

いま、わたしは、わたしの個人史を少しくたどることによって、その感情のよってきたる淵源を探ってみようと思うのだ。

「朝鮮特需」下の沖縄の少年

戦後、アメリカ占領下の沖縄における学校教育はゼロからの出発であった。戦前の学校施設と人的資源は、戦争で大方破壊され消滅した。

戦後沖縄の普通教育は、青空教室から始まり、茅葺きやトタン葺きのバラック建ての土間の教室に黒板がひとつ、それぞれの父兄が自宅で作った不揃いの机・椅子を持ち込んでの粗末な学校施設であった。

一九四七年、わたしは初等学校（「小学校」への呼称変更は五三年ごろと思う）に入学した。沖縄の土地・田畑は戦争で荒廃し、米軍の余剰物資からの配給食糧のほかには食べ物が乏しい戦後の沖縄社会で、多くの親たちは、糊口をしのぐためアメリカ軍の軍作業や甘藷を中心とした大豆、野菜など多種類の作物を作る自家消費用中心の複合農業に従事した。（やがて、本土の製糖資本の進出などで、昭和四十年ころから、沖縄農業の作目がサトウキビ単作化へモノカルチャー化することになる。その結果、台風災害などによるキビ代収入の不安定化などで、土地利用率が低下し、農村が荒廃する、植民地における収奪農業の典型的な姿を示すことになった。）

学校から帰宅後は、子供たちも家族の生活のためになくてはならない必要な労働力となった。馬や牛、山羊の飼料の草刈りやその世話の責任を親から一手に任される労働の担い手であった。テレビに映る現在の貧しい開発途上国の子供たちの姿そのものが戦後の沖縄の姿でもある。わたしも、そういう子供のひとりであった。

一九五〇年ころ本土の教育界で全盛だった生活綴方の教育実践の影響もあったのだろうか。わたしの小学校五、六年の担任教師が作文教育に熱心で、その感化で作文と読書に興味をもちはじめたころに書いた、「世界平和を祈りましょう」という作文が一九五三年二月二十一日の新聞（「沖縄タイムス」）に載った。自分の書いた文章が活字になった最初の出来事であった。そのなかに、「いまは朝鮮戦争がはじまっています。またこの戦争が世界大戦になると大変だと思います。ぼくは『朝鮮の真相』という本を読んで大変おどろきました。たった一本のマッチで村を全部ころすことができるそうです。（中略）世界の人びとがみんな手を取り合い、仲良くしていく事を希望しています。」などと書かれているが、戦争の本質の理解にほど遠い小学生らしい認識のレベルを示しているのであった。

当時、沖縄社会の多くの地方をスクラップ（屑鉄）を買い歩く行商人が巡回していた。その行商人は方言で「フルガニコーヤー」（フルガニ＝古い鉄・屑鉄、コーヤー＝買う人）と呼ばれた。その屑鉄は朝鮮戦争で米軍が北朝鮮に落とした爆弾の材料となったことをずっとあとで知った。わたしは、沖縄戦の地上戦で周辺にまだ散乱していた薬莢やら軍事用の鉄器具などを拾い、またあるときは村の悪童らと組んで他の家の屋敷内にある鉄製の器物までも密かにもち出し集めた屑鉄を何度もフルガニコーヤーのおじさんに売った。それで手にした金で『冒険王』とか『少年画報』など、月刊の少年雑誌をほとんど毎月買って読んだものだった。福井英一の「イガグリくん」や馬場のぼるの「山から来た河童」の連載マンガや小松崎茂の鮮烈な科学ものの絵も夢を誘う楽しいものだった。「譚海」という分厚い大人向けの猥雑な感じの雑誌もそのころ読んだ記憶がある。また「少年探偵団」、「怪人二十面相」など明智小五郎と小林少年が活躍する江戸川乱歩の探偵小説もお気に入りだった。

漫画熱に浮かされて、とうとう、東京の「東京芸術学院」というところに、子供ながら自分ひとりで申し込み、送金手続きまでして漫画の通信教育を受講、講師の有名漫画家による自作マンガの添削指導を受けたりしたこともあった。しかし、漫画家になることを父親から叱責されたことと高校受験を機に漫画とは完全に縁が切れた。わたしには、いまでは、何故か、大人が漫画を読む、漫画だけを読む近時の風潮には違和感がある。漫画で文章表現のような情報が伝達できるのか。詳細に歴史が伝えられるか。大人の人間の思考能力の向上に役立ちうるか。漫画は所詮、こどもの読み物ではないだろうか。少年時代とは逆に、大人になったわたしの漫画にたいする「偏見」は根強い。

こうして、「朝鮮特需」は、皮肉にも、意外なかたちで少年期のわたしの知識欲を満たすことを助け、漠然としていて見えないが、しかし、未来にある自己を意識し、たしかに彼方にあるらしい「未来の世界」へ飛翔する想像力をはぐくむ役割を果たしたのである。まさに、わたしの人生初期における「特需」であった。

しかしながら、金網を張りめぐらし囲われた軍事基地があって、アメリカ兵が周辺の地域を闊歩していて、そしてそのハーニーの沖縄女性たちが暮らす日常風景のなかで、普通の人びとが日々の食を求めてただ生きるのが精一杯の社会を「不自然なもの」と感じ取る社会認識の力はもちえていなかったように思う。

沖縄と日本本土との関係における歴史的矛盾・葛藤について、学校教育で学ぶことは少なく、沖縄の民衆は、国家幻想にからめ取られた「母なる祖国」を求める「日本復帰運動」を、アメリカの苛酷な軍事支配にたいする抵抗拠点としていたことから、沖縄と本土社会に横たわる、ある種の「異質性」に気づかされず、あるいは意図的にそれを無視するような風土となっていた。さらに、戦争の反省から「二度と子供たちを戦場に送らない」という教師たちの平和教育の影響と沖縄の戦後教育が日本人教育（「日の丸」掲揚運動、標準語励行＝方言禁止・「方言札」など）に徹したこともあって、わたしもまた、沖縄と日本本土の社会を暗黙のうちにまったく同質視していた。沖縄の少年であったわたしは、いわば、壺中の天に生きる幸福のまどろみのなかにあったと言える。

かつて、復帰運動の集会で人びとは、「日の丸」の旗を掲げ、「日の丸」で鉢巻をしていた。国家論不在というより、むしろ、「国家」をイデーの中心に据えた沖縄教職員会の師範学校的な「日の丸＝母なる祖国」論を思想的（あるいは無思想的）体質として出発した復帰運動の悲惨と栄光の歴史は、佐藤・ニクソン会談の成功＝七二年沖縄返還合意によって、論理必然的にハッキリと死の宣告を受けた。「祖国」や「日本国民」へのあまりに強い渇仰が〈拒絶の思想〉を鈍らせ、「復帰」の内実への問いかけを忘れさせ、無内容同然と化した「即時無条件全面返還」を惰性的に連呼した復帰運動は体制側の術中に陥ったのだ。

そのころの集会から「日の丸」は消え、「赤旗」や「組合旗」が戦いの旗となっていく。すなわち、復帰闘争のスローガンは、いつしか、「日の丸＝母なる祖国」論から「反戦復帰」論へ変転する運命にあったのである。日米の外交交渉のなかから出た結論によって、沖縄の人間がおのれの運命を、おのれと無関係の意思によって決定づけられる不条理を甘受させられる結果となった。そしてそれこそが、「沖縄問題」を核とする「日本問題」を一挙的にみごとに収拾する現実的な、あまりにも現実的な日本の保守体制側の知恵であったのである。

その結果、復帰運動は優れた反戦＝平和思想もろともに華麗なカタストロフィで終息したのであった。つまり、復帰運動の思想が、体制側の思想的射程範囲を一歩も出ることができず、復帰運動は、「異民族支配からの脱却」「第三条の里子」論など、保守体制と同一の思想的系譜から発想された日本ナショナリズム運動に包摂されてしまった。言い換えれば、復帰運動は、反体制的エネルギーを巻き込んでの国家志向の体制的運動にすぎないことは、すでにして沖縄の少数派＝反復帰論が提示した確固たるテーゼだったのである。多くの県民が、復帰運動に状況変革の希望を仮託したが、それは体制側にみごとにすくい取られ無効化した。

復帰四〇年余を経たいま、新たな潮流としての琉球独立論、再生評価されつつある琉球共和社会論、琉球共和国論など種々の形をとった琉球の自己決定権確立の主張が、日本国家にたいし、「ノン」の拒絶意思を突きつける胎動となって噴出してきた。それは、沖縄人が本土コンプレックスから抜け出して、沖縄という土地と人間と歴史に誇りと自信をみいだしつつあること、変わらざる本土日本人の沖縄への無知・偏見への絶望、そして何より、さなきだに超荷重な基地負担に加え、世界的に貴重な珊瑚礁生態系が連なる自然豊かな大浦湾の海を埋め立て、辺野古新基地建設を暴力的に強行しようとしている日本政府のあまりにあからさまにして理不尽な「構造的沖縄差別」政策が誘因となっていることは明白である。

一方では、二〇一三年一月二十八日のオスプレイ配備撤回と米軍普天間基地の閉鎖・県内移設の断念を求めて沖縄の総意として安倍内閣に提出された「建白書」においてみられる、沖縄人総体が復帰後のいまなお「祖国」意識に呪縛されていることを、不屈の反国家＝反復帰論者である新川明は、つぎのように糾弾している。

私がわが目を疑ったのは、琉球・沖縄人の総意としてなされた（中略）「建白書」につぎの文言を発見したからであった。
「オスプレイが沖縄に配備された昨年は、いみじくも祖国日本に復帰して四〇年目という節目の年であった。古来琉球から息づく歴史、文化を継承しつつも、また私たちは日本の一員としてこの国の発展を共に願ってきた。」

この文言は（中略）日本国政府の対沖縄政策にたいする糾弾、抗議の前提として言われているのだが、日琉関係を「古来琉球から息づく歴史、文化」の視点で説きおこすのであれば、当然のこととして、一六〇九年（慶長一四年）の薩摩の琉球侵攻から一八七九年（明治一二年）の「琉球処分」、さらには一九四五年（昭和二十年）の沖縄戦から一九四七年の「天皇メッセージ」を経て一九五二年発効の「サンフランシスコ講和条約」による沖縄切り捨てにいたる侵略と排除の歴史を不問に付すことはできない。この歴史的事実を捨象したうえで、一九七二年の施政権のアメリカから日本への移譲（日本国による琉球再併合）をあえて「祖国日本に復帰」と自己規定するとき、琉球・沖縄が古来から日本国の主権（権力機構）に従属してきた存在であって、歴史的にも自己決定権をもつ主体でないことを、琉球・沖縄人の総意として自ら表明したことになる、と言わなければならない。

新川明は、「建白書」の文中の「祖国日本に復帰」と「古来琉球から息づく歴史、文化を継承」にルビを振って、そのような「祖国」意識による建白行動の無効化は「自然のなりゆきである」と断じている。

そして「主権回復式典」の首相式辞の「文案づくりに自らもかかわりながら、客観的な立場をよそおいながらその式辞を評価し」た副知事・高良倉吉について、「自作自演の猿芝居を演じてまで権力者に奉仕する奴隷の思想の発現をここに見ることができるはずである」と舌鋒鋭く断罪している。（岩波書店刊『沖縄の自立と日本』のなかの新川明論文「『祖国』意識と『復帰』思想を再審する」）

さて、戦後沖縄の少年であったわたしは、「日本のなかの沖縄」＝沖縄の外に存在する日本社会についての認識はかなり希薄だったが、高校生のころには当時の沖縄社会の動向について過敏に反応していた。

一九五四年、軍用地の使用料を一括払いし、無期限の軍用地使用を図ろうとした米国民政府の新政策にたいし、立法院（復帰前の県議会）で決議した「土地を守る四原則」（「一括払い反対」、「使用中の軍用地の適正補償」、「アメリカの軍隊による損害の賠償」、「新規接収反対」）貫徹を掲げて、それこそ「オール沖縄」が立ち上がった島ぐるみ闘争が沖縄社会の大きなうねりとなっていた。高校の社会科の授業のなかでも「四原則」がよく話題になった。新政策を是認し、沖縄基地の長期保有を内容とする米議会報告書（「プライス勧告」）が出されたのち、それに反発した県民が結集して一九五六年六月に那覇高校の運動場で開かれた「四原則貫徹県民大会」には、わたしは、高校生ながらはるばる遠方の具志川から友人を誘って参加した。夕闇のなかで、沖縄各地から集まった民衆が、腕を突き上げ、怒涛のような雄叫びを上げた情景が今でもはっきり脳裏に浮かぶ。そこにはじつに一五万人の県民が結集したと言われている。このような占領下の沖縄の状況はそれまで、ほとんど本土や世界に知られることはなかったが、一九五五年一月のいわゆる「朝日報道」によって軍用地などをめぐる沖縄問題がようやく本土の耳目に達したわけであった。

こうして、わたしの、言うなれば「政治的＝思想的人間」への培養基は、小学校から高校までの沖縄の田舎の貧しい生活のなかでかすかに育っていたのだと思う。

自分と世界に目覚める六〇年代

一九六〇年三月、わたしは、大学進学のため、パスポートをもって上京した。「パスポート」とはサンフランシスコ講和条約によって、琉球列島の施政権者になったアメリカが、「外国」に出る「琉球住民」にたいして発給した旅券である。ちなみに、わたしが上京時に受けたパスポートは次のようなものだ。暗い茶色っぽい表紙に上段の英語記載とともに「日本旅行証明書」「琉球列島米国民政府」と漢字訳が書かれていている。

その中身の英語文の「訳文」として「本証明書添付の写真および説明事項に該当する琉球住民仲宗根勇は留学のため日本へ旅行するものであることを証明する。一九六〇年三月八日琉球列島高等弁務官」と記載されている。「留学のため日本へ旅行する」という英文は「travel to Japan for the purpose of Studying」となっている。

一九五七年、アイゼンハワー米大統領が新たな沖縄統治の基本法（大統領行政命令）を公布して、従前の民政副長官に代わる高等弁務官制を設け、現役軍人のなかから高等弁務官を選任し琉球列島米国民政府の長とした。琉球政府のうえに超然と存在する高等弁務官の権限は絶対的なもので、琉球政府の行政主席の任命権や琉球政府民立法の拒否権、琉球政府の公務員の罷免権など、あたかも絶対君主のような存在であった。パスポートの発給権限もそうした絶対権限のひとつであった。それは時にはアメリカの沖縄支配の道具に転用されて、反米的な政治家や労働運動指導者、学生運動家などの発給申請を理由なく拒否し、政治弾圧、思想弾圧の手段としても利用されたと言われている。大学への進学などのためやむなく「密航」して本土に渡った「危険人物」たちも相当数いたはずである。琉球政府行政主席公選が実現し、行政主席屋良朝苗が誕生したのは、ようやく一九六八年のことであった。それは、主席公選の自治権拡大要求を続けた県民運動の成果であった。後述のとおり、そのときまでに四人の親米派の政治家が米国民政府によって琉球政府行政主席に任命されている。

当時の本土沖縄間の往来はほとんどすべて船便であった。飛行機は特別の人が乗るものと思われていた。わたしが沖縄以外の外部世界に足を踏み入れたのは、一九六〇年三月二十七日那覇港から出港した「沖縄丸」という船に乗り翌日二十八日に鹿児島港に着き上陸した鹿児島であった。驚いたことに船が鹿児島港に着くや、入国審査官が乗船してきて、外国人並みにパスポート検査をされたことであった。それはまったく外国人にたいするのと同じものであった。それ自体、何故か屈辱感を覚えさせるものであったが、そのうえ、不思議なことには、審査官がパスポートに押したスタンプには、「日本国への帰国を証する。帰国年月日 MAR. 28. 1960 入国港 KAGOSHIMA 入国審査官（署名）」となっていたことである。「日本国への帰国を証する」？ すると、わたしはその前に「日本国から出国していた」ことになる。わたしは、日本国家の役人＝入国審査官から暗黙の恥辱を受けたような気分になったことを、いまなお忘れてはいない。自分はいったいなに人なのか？

沖縄人？　琉球人？　日本人？　アメリカ人？　コスモポリタン？　自分のアイデンティティーが揺らいだはじめての瞬間であったろう。

わたしは、それまで、青年に特有な一般的な政治的意識を育んでいたはずだが、「パスポート」経験の時点においては「日本のなかの沖縄」についての認識はほとんど芽生えていなかった。そしてその「パスポート」経験によっても、まだおのれのアイデンティティーについて、深刻な問題を抱え込むほどの精神状態にはならなかったように思う。しかし、それからしばらくたった大学入学後間もなくして、いわば、自分の「実存」を震撼させるような日々を迎えることになる。そこでのわたしの「日本経験」によって、それまでおのれのなかに当然のようにあった「普通の日本人」意識が揺さぶられ、「沖縄とは何か」→「日本国家とは何か」→「国家とは何か」→「民族とは何か」→「人間とは何か」→「自己とは何か」などと、「思想」の堂々めぐりを繰り返しながら、自分と世界の存在に目覚める契機を摑んだように思う。このことについて、わたしは、かつて、拙著『沖縄少数派――その思想的遺言』（三一書房刊）のなかで「わが〝日本経験〟――沖縄と私」のなかで触れたことがあるので、詳細な再説は避けたい。わたしは、次に述べるような経験をすることによって、「沖縄」を自分に課せられたもっとも切実な問題として、それを接点にすることで、自分の自立した思想的拠点を構築し生涯の思想経営をおこないたいという人生の設計図を描いていたのであった。

その第一の経験は、大学入学早々、クラスの学友たちとの何気ない会話のなかから垣間見えた、彼らの意識のうちに、沖縄への無知と偏見が厳然と存在するという、否定しようもない現実に直面したことであった。

考えてみると、戦前の日本社会において「職人入用。ただし朝鮮人と沖縄人お断り」の貼り紙が象徴的に示すように、日本政府と本土日本人の沖縄県民にたいする偏見・差別の歴史は、明治十二年の廃藩置県以来長い歴史がある。(公職における明白な職階的差別や明治三十六年大阪での勧業博覧会の会場付近で、沖縄の婦人二人がいろいろなほかの民族と同列に「展示」され見世物とされた「人類館事件」はそのような歴史の一ページである。

明治時代から沖縄だけに適用されていた中央の官治行政を中心にした地方自治の特別制度は、大正時代には廃止され、沖縄も各府県と同一の制度になったが、本土人の沖縄と沖縄人への偏見と差別意識の痕跡は連綿と残存し、それが、日本軍による沖縄戦における沖縄の県民性への不信感と〈県民総スパイ〉視から数多の虐殺行為へとつながったことは間違いない。

しかし、無謀な軍国主義・敗戦の反省から平和と人権の憲法をもち、戦後民主主義のもとで育った若者たちにもなお、沖縄への差別と偏見の遺伝子は継承されていることを、わたしは、わが学友たちによって暗黙のうちに告知されたことになった。(復帰時点においても本土日本人の沖縄にたいする意識が変わっていないことは、「朝日ジャーナル」七二年一月十四日号、一〇二ページに載った大阪市生野区のあるアパートに貼り出された「空室あり、ただし子供なき内地の方に限る、当方へ」という写真が語っているのではないか。明治憲法下の国民は主権者たる天皇に絶対的に服従する「臣民」と称され、「臣民」には内地人と外地人(朝鮮人、台湾人、樺太人)という区別があった。その範疇では沖縄人が「内地人」に含まれることは疑いないところである。しかし、貼り紙の趣旨がそうでないとすると、これもまたかの有名な「職人入用。ただし朝鮮人と沖縄人お断り」の現代版ということになるであろう。)

第二の経験は、大学入学早々から参加した六〇年安保闘争のデモ現場での見聞である。大学に入学した年一九六〇年の四月から六月にかけて、岸内閣による日米安全保障条約の改定問題が日本政治最大の争点に浮上していた。国論が沸騰し、学内では教授と学生が一体となって議論し、クラスや寮内では討論が続けられ、そしておびただしいビラがまかれた。わたしも気がつくと国会議事堂前の「安保改定反対」と「岸退陣」を叫ぶデモ隊の渦中にいた。アイゼンハワー米大統領の訪日予定の日もわたしは国会デモに参加していた。前に触れた拙著のなかのそのときの状況を書いた部分を、明治学院大・四方田犬彦教授、仲里効氏、比屋根薫氏、岡本恵徳氏ほかの識者らがその文章やその著書中での人物紹介、シンポジウム発言、書評などのなかで引用しあるいは触れてくださっておられる。その部分はこういうことだった。

多分、安保闘争中、私は「半日本人」=沖縄人としてでなく、すっかり「全日本人」=本土日本人として行動していた。この力強いスクラムが、この叫びが、この歌声が日本の未来を、私たちの沖縄をもすっぽりと包み込む時、俺たちの時代は始まるのだと、激しくゆれ動くデモの中で、若い頭脳は素朴に躍動していたのだと思う……。／安保闘争は幾多の転回を重ねて、ついにアイゼンハウアー訪日の日。国会は幾十万の国民によって包囲され、死滅しつつあった民主主義の仮装さえストリップされたその瞬間。国民は政治の主体として、その政治的情熱の全エネルギーを政治過程に投入した。そして、その日、訪日阻止を叫んで国会前にすわり込んだ厖大な国民大衆に向って、執行部は誇らしげにかつ少々悲愴ぶって訪日阻止の成功を報告した。

「岸内閣の議会主義の破壊と日米反動の陰謀のテコ入れに本日訪日予定のアイゼンハウアーの訪日は阻止されました。我々は勝利しました。卑怯なアイゼンハウアーは沖縄に逃げ去りました！」大衆は歓呼した。だが、わたしは気も動転せんばかりに驚いた。これは一体どうしたことだ？　沖縄にアイゼンハウアーが上陸したことはとりもなおさず、日本＝沖縄に足を踏み込んだことなのではないのか！　沖縄は異質の外国とでもいうのか！　安保反対のどのような政治的党派のアジテーターも必ず言及する沖縄の状況とは何なのか。真実は何も知らずに、いや偏見と先入観をもって前提された知識と意識の形でしか、沖縄は本土日本人、とりわけここに集まったいわゆる革新的な人びとのなかでさえ存在しているにすぎないのか。（『沖縄少数派——その思想的遺言』二三―二四ページ）

六〇年安保闘争が「沖縄」を欠落させていたことのひとつの例証としてこの部分の引用がされているのであるが、その欠落は沖縄奪還闘争として戦った七〇年闘争世代以後においてはかなり埋められた。しかし、「沖縄」の存在をおのれの「知」のパラダイムに組み込む知識人はなお少数派にすぎなかった。

わたしの反復帰思想

わたしが大学入学後すぐ経験した六〇年安保闘争の年一九六〇年の四月二十八日に、沖縄では

「沖縄県祖国復帰協議会」(復帰協)が結成された。復帰協は、サンフランシスコ講和条約が発効した一九五二年四月二十八日の「四月二十八日」を「屈辱の日」と規定して運動を展開し、「日の丸＝母なる祖国」論から出発した「祖国」復帰運動が、憲法なき沖縄の地において、平和憲法と反戦・平和を求める「反戦復帰」運動へと新たな地平をめざし始めていた。

もともと、サンフランシスコ講和条約が締結される前から、一九五〇年に公選された沖縄の各群島(奄美群島、沖縄群島、宮古群島、八重山群島)議会において、沖縄の将来構想—帰属問題が浮上し、論争されていた。独立論や日本復帰論、国連憲章の規定による信託統治案等が提出されたが、各群島議会において即時復帰の主張が主流であった。日本復帰を主張した平良辰雄が沖縄群島政府の知事に選出され、平良知事は、日本復帰促進を政策綱領に掲げた社会大衆党(社大党)を結成。当時の社大党にはのちの保守自民党の主要メンバーとなる者たちも多く参加し、超党派的な人材が集まっていた。のちに社大党を脱党して沖縄保守政界のドンとなった西銘順治も社大党結党時の重要人物であった。西銘らが社大党の性格として「社会主義的なものを望むような口調で」あったと平良は、その著書『戦後の政界裏面史——平良辰雄回顧録』(南報社発行、一九六三年)のなかで書いており、また、「沖縄の人たちの日本復帰を念願する気持ちは〈日本没落の日〉から燃えはじめた」とも書いている。

一九五一年、サンフランシスコ条約でのアメリカの琉球列島統治の方針が明らかになると、社大党が中心となって結成された「日本復帰促進期成会」が実施した復帰要求の署名運動が宮古・八重山を含む全県で展開され、圧倒的多数の復帰要求署名が集まった。また、沖縄群島議会では日米両政府に向けた復帰要請決議もなされた。一九五二年三月の立法院議員選挙の結果、復帰賛成派が多数を占めたことに危機感を募らせた米国民政府は、同年四月一日に琉球政府を創立して各群島政府は廃止された。

米国民政府は、当初、琉球政府主席の公選を公約していた。しかし、これを無視して臨時中央政府の比嘉秀平を初代の琉球政府主席に任命した。「土地を守る四原則」で結束した県民運動のなかで、アメリカ側の一括払いを認める分派行動をとった當間重剛が二代目の主席に、以下、大田政作、松岡政保の四人の親米派の主席が任命された。米国の沖縄統治の機構であった琉球政府の自治権は絶対権力者である高等弁務官の統制のもとで窒息させられ、その政治状況が、自治と平和を求める復帰運動の火に油を注ぐことになった。その結果、県民の主席公選要求という自治権闘争が巻き起こり、米国民政府がついに譲歩して一九六八年、主席公選が実現した。「即時・無条件・全面返還」の基地政策を掲げた屋良朝苗が「本土との一体化政策」を主張した保守派のエース西銘順治を破って屋良公選主席が誕生するのである。

屋良主席が誕生した一九六八年という年は沖縄にとって、いかなる意味をもつのか。川満信一は、比屋根薫とのあるシンポジウム対談において、次のように述べている。

一九六八年というのは、世界的にみても不思議な時代だった。その時点を契機として、ひとびとの思考が新しいパターンに展開しているということが見えてくる。欧米でも、六八年というのは何であったのかというテーマが、論じられている。いずれにしても、後から振り返ると、六八年という時代が特別な意味を持っていたことがわかる。そしてその六八年を契機として、そこからスタートした思考の形式、思想のスタンスのとり方、それから反復帰の思想へとつながっていく。（中略）六八年前後というのは（中略）自分たちが外から見ていた沖縄の状況とは何であったのかということを考えだす時期だった。そうすると民族にせよ、国家にせよ、ひとつの地域にせよ、問題が相対化された形で見やすくなっていることに気づく。そうして、七〇年代に向けて、沖縄の思想的基盤が整えられていった。（『情況』二〇〇八年五月号・川満信一『沖縄発』情況新書所収）

屋良朝苗を会長とする沖縄教職員会の「日の丸＝母なる祖国」論の基底にある、「祖国」意識で領導されてきた復帰運動は、一九六九年十一月の日米共同声明で「核抜き、本土並み、七二年返還」が確定して、「祖国」の現実と構造が明視され、運動の思想的限界を噴出させると、民衆の意識の基底でその「祖国」神話は崩壊し始め、「復帰不安」という民衆の政治からの疎外意識が沖縄社会の各分野に蔓延していった。当時の新聞紙面・社会面に連日のように踊った「復帰不安」という言葉は、復帰前夜の混乱した沖縄社会を表現するキーワードの最たるものであった。だが、この期に及んでなお、「祖国復帰」という用語法が新聞の社説や人びとの日常的な会話でも使われていた。

いつの間にか「祖国復帰」から「反戦復帰」へと政治言語が変転し、沖縄の民衆が、権力の意思＝国家悪を丸ごと透視し、これまでの甘ったれの「国家」幻想から身を引き剝がそうと呻吟していた、まさにその時代に登場したのが、反復帰論であった。それは、川満信一が述べるとおり、六八年から七〇年にかけてのことである。

「反復帰論」という言葉は、直接的には、七〇年十二月に出た沖縄タイムス社発行の雑誌・「新沖縄文学」第一八号の特集「反復帰論」に由来する。その特集では、知念栄喜・大城立裕・珊瑚太郎・新川明・仲宗根勇の五人が書いた。そこから発祥したこの言葉は、徐々に日本の中央論壇に及び、敷衍され論じられるにいたった。沖縄において、既成政党や組合組織の排除・弾圧をはねのけて、復帰運動の現場で、「左翼反対派」として先駆的に戦った新左翼諸派や無党派知識人、学生たちに影響を及ぼし、それが七〇年秋の国政参加拒否闘争という現実的な政治行動として結実していったのであった。

反復帰論は、新川明と川満信一が新聞連載や沖縄・本土の雑誌・著書などのなかで獅子奮迅の勢いで先導した。彼らは、「国家」に代わる、近代を超克する共生社会の未来像を求め、沖縄の歴史と文化に通底する日本国家・本土日本人との〈異質感・差意識〉を逆手にとって日本国家を相対化することで、国家論を欠落させ「祖国」意識を疑うべからざる前提としてきた主流的な復帰運動の思想をみごとにハイジャックした六九年の「佐藤・ニクソン共同声明」による日本復帰への拒否を鮮明に主張したのである。

同様の思考の方向性をもちつつ、異なる視角と問題意識をもって、岡本恵徳、いれいたかしなどが、新川明らと同様に、沖縄はもとより日本の中央紙誌に精力的に反復帰の思想を展開した。その他、「沖縄タイムス」の文化欄の連載企画「現代をどう生きるか」や「私の得たもの—戦後二五年の思想」に書いたじつに多くの若き論客たちが、それぞれの思想的位相から従来の「祖国」復帰運動や「反戦」復帰論にさえ反情を示して、反復帰論の裾野を広げたのであった。わたしも、そうした戦列に並ぶひとりであったかもしれない。

しかし、その時代の反復帰論につながるわたしの反復帰思想は、もっと前の学生時代に胚胎していたように思う。

一九六三年に、わたしは、「沖縄体制論」と題する文章を書いている。（昭和三十八年三月四日、五月四日、十一月二十日付「育英会報」〔琉球育英会発行〕・昭和三十八年二月二十日付「東京大学新聞」『沖縄』書評）きわめて硬直した稚拙な文体ながら、当時一般的にはあまり疑われていなかった民族主義的な復帰思想（「日の丸＝母なる祖国」論）と行動に苛立ちをぶつけた、「青い時代」の自己分裂気味の自分がそこにいて赤面の至りだが、恥をしのんで、ここに書き記すことにした。

「東京大学新聞」に書いた岩波新書『沖縄』の書評は、学内新聞である関係上、書評の書き手が沖縄の人間であることは前提になってない。むしろ、それを隠している。その内容は、「沖縄」を知らない普通の日本人学生の購読意欲をそそるように、わたしの個人的思いは意図的に抑えた一般的常識的なものになっている。

「日本読書新聞」紙上で森秀人がその『沖縄』の書評を書いたことから、同書の著者のひとりである新里恵二と森秀人のあいだで論争がおこった。森―新里論争には、国場幸太郎が参入し、新里氏の差別・偏見論に立つ復帰運動論にたいし、国場は、沖縄の階級分化を視野においた社会改革論を対置した。

六〇年安保闘争は、岸内閣という一内閣の倒壊とそれに続く同質異形の池田内閣の「低姿勢」の擬態を引き出しえたにすぎなかった。以後、権力の側は「安保」を頂点とする民衆の政治への目覚めを経済主義で鎮静、慰撫し「経済の季節」を政策化することによって、「政治の季節」の再来を回避、隠蔽して局面の転換をはかってきた。そのような時代の日本の反体制運動は安保闘争後、沈滞し、「挫折節」などという流行語が思想界や学生の世界にも蔓延していた。しかし、逆に紙誌上などでの「沖縄解放論争」は華々しかったが、論者の政治的立場や思想の違いで、多くは相互の言葉が交差せず、「果実」の少ない論争に終わったように記憶している。

沖縄が日本社会で色づけされた「沖縄」としてではなく、主体的選択者としてのカッコ抜きの沖縄として蘇生するためには、森秀人が『甘蔗伐採期の思想――組織なき前衛たち』などで主張したように、「国家」との無窮動（ブレーキなきダイナミズム）の対峙は不可避だったはずである。まさしく「人間が国をしょってあがいている間平和などくるはずがない」（金子光晴『絶望の精神史』）ことは明らかだからである。

以下にその沖縄体制論を原文のまま記載する。

1　沖縄体制論＝序論

かかる小論によって「沖縄論」を試みようとするのは、成否の疑わしいひとつの賭けのように思われる。何故なら、沖縄的状況へのアプローチは全日本的状況そのものと一心同体のものとしてなされるべきであり、沖縄的状況とはまさに後者の持つ錯綜せる諸矛盾の混血的な忠実な、客観的な反映であり、集中的な表現であるからである。したがって前者の考究は後者と必然的なかかわりあいを持たざるをえないからである。

実に、この決定的な十八年間、沖縄及び「沖縄人」（！）に関する「神話」は日本ブルジョア・ジャーナリズムによって歪曲され、捏造された「オキナワ」というエセ「外国」という姿をとって日本人民の意識の中で躍動し続けてきた。状況変革の主体たるべき「沖縄人」は軍事基地の影で、運命への盲信、現実の力への屈服、そしてその現実的生活形態として自己を日常意識の中へ埋没させ、自己の苦悩から目をそらせ自己を見失うという植民地的歓楽へと自己を駆り立てることによって、つまり、この「ブレーキなきダイナミズム」によって、日本問題としての沖縄問題はそれ自体解決不能の巨大な「壁」として、我々の前に立ちあらわれるのだ。

一方、「抑圧民族の労働者はつねに、学校でも、実生活上でも被抑圧民族の労働者を軽蔑または軽視する精神で教育されている」（レーニン『全集』二三巻）から、沖縄が日本帝国主義の植民地と並列した形で、人民の意識の中にあったことは、かの「朝鮮人と沖縄人お断り」が実証するところである。かような意識は、大戦直後の共産党が沖縄を日本から抑圧された少数民族と規定するところまで尾を引く。戦後は若干好転したとはいえ、癒しがたいほど圧倒的に沖縄に対するヘンな意識は存在していることは前述のとおりである。つまり、沖縄の人民は、プロレタリア人民が味わう、資本によるトータルな疎外に加えて、なお、その上に疎外されたプロレタリア人民にも疎外されるという「二重の意味における」疎外に呻吟している。踏んだりけったりとはまさにこのことである。

このように、人民相互間に分離と差別を設け、疎外された人民みずから意識せずにその疎外感を他の人民に転化することによって、疎外からくるエネルギーの革命的爆発を防止するメカニズムを作り出すのは、「体制」の危機を醸成しないための支配者の知恵に他ならない。だから、程度の差こそあれ、辺境コンプレックスは日本の各地に見られることだが、沖縄の場合、それがより強度に、その歴史形成の特殊性のために純粋な形をとってあらわれたというにすぎない。辺境的地位に基いて常時価値剥奪にさらされている結果、歴史的に見ても不屈の革命家やあくなき権力追求者の多くが辺境出身者であった事実がある。前者にはローザ・ルクセンブルグ、徳田球一など左翼人が多く、後者のナポレオンやヒトラーなどは、価値剥奪に対抗するに有効手段たる権力への集中に価値賦与を見出していた。

沖縄県出身学生どうしの会合で沖縄問題をサンザン議論しつくしたあげく、無気力、あきらめのムードへ議論が沈殿してゆき、白熱した議論が突如、不気味な沈黙へと変化する（これは東大在学中の者どうしの場合も同様）のも、対象たる沖縄のもつ国内的（＝階級的）、国際的（社会主義勢力と資本主義勢力）力の緊張関係の一環にすえられた沖縄問題のもろもろの壁＝「限界状況」の冷酷な存在にカチンとつきあたるときである。

もっぱら上から注入されたイデオロギーを唯一、絶対の正しいものとする高校生意識を打破し、つめ込まれたものを吐き出してから嚙み直すという主体性の回復者を大学生と定義するなら、そういう意味における沖縄の大学生にとって、沖縄問題の科学的解明とそれに対応した具体的行動こそ、彼の日常を規定するものでなくてはならぬだろう。何故なら我々は、本土人民の沖縄にたいする疎外（これは現体制が続く限り、つまり、日本資本主義が続く限り、日本社会の必然の意識形態として存続しつづける）が抹消されぬ限り、沖縄の亡霊という「運命の十字架」を背負いながら生きてゆくことを運命づけられているからである。

沖縄体制を切る場合、その切断面のためのファクターは選択に困難を感ずるほど多すぎるように思われる。しかし、私はここでは問題を極めて抽象化して取り上げ、したがって具体的な敵権力へのアプローチは抽象の中で捉えられていくであろう。

2　沖縄体制論＝復帰論のイデオロギー的混迷

ある瞬間、自分のまわりの状況の冷静な判断は空転しながら一つの固定的な確かな発想へと導くような気がする。「この沖縄人め！　何をぬかしよる」およそ、こいつらのおしゃべりがナンセンスなアホらしい時間つぶしのなせるわざだという気がして、小さな身に重苦しい絶望という上部構造を背負いこんで、寮にでも帰って思い切り息の続く限り寝てしまいたいと思うことがある。

俺たちは日本人だ。ところがどうだ。日本（内地といえ！）の奴らの無知と偏見ときたらと言い、だから俺たちは日本に復帰する必要があるのだ、などとふざけた発言をするおめでたい沖縄学生（ヘンな言葉だ）の連中。とくに県学生会系の影響下にある学生。

俺たちが日本人だろうがなかろうが、俺たちには関係ない。重要なことは、「沖縄」が日本社会の将来の選択者たる本土人民大衆に現にいかなるイメージを与え、沖縄問題を取り巻く現状況が那辺にあるのか、その状況打破の可能性ありやなしや、沖縄問題の解決はだれに利益し、どの階級に不利益に作用するのかというリアルな認識にあるのであって、漠然たる民族的一体感に基づく民族主義的感激に陶酔することでは決してない。彼らの論法でいけば、沖縄が「母なる祖国」に抱き込まれれば沖縄に一天晴れて、何らの矛盾も存在しない幸福なユートピアが出現し、沖縄諸島が九州か本州のどこかに物理的にひっつくとでも言いたげな口吻である。このような幻想は「民族」シンボルの操作にひとまわりもふたまわりもうわ手な敵権力の思う壺にはまるようなものだ。

もし我々が沖縄史や民俗学に対する若干の知的努力を惜しまないならば、沖縄がまさに、彼ら、いわゆる感性的民族主義的復帰論者の主張するように、沖縄の言語、民族、民俗、文化、歴史等いずれをとってみても、基本的には日本本土との一体性、同一性は確認しえても、なお単なる日本のローカル性に押し込み得ない特殊＝沖縄的なものがあることは否定しがたい事実であることがわかる。私が本論1序論において「歴史形成の特殊性」という言葉で総括したのは、この意味にほかならない。

しかし、この面を強調し、沖縄的状況の根源において決定的に働いている外的要因の役割を否定し、沖縄のもつ地理的宿命論とか経済構造の特殊的性格とかの口実の下に、沖縄は沖縄人のものだという「琉球独立論」をほざく政治指導者や理論家がいるとしたら、彼らは反共宣伝を常套手段とする帝国主義の貧弱なイデオローグでしかないというべきだ。現実にこの論が沖縄大衆に何らの影響力も持ち得ないのは当然である。

我々にとって重要なことは、我々の日本人宣言にとって有利な面のみを本土人に説明したり立証してみせたりして、どうだまいったか、と彼らの無知を笑うことで終わりとするのではなく、不利な事実をも徹底的に暴露していくことによって、真に正しい沖縄認識を広げることである。問題は、彼らが沖縄について無知であるということではなく、誤って不正確に知っている点にあるのである。無知といえば、人は日本各地の辺境や離島については全く無知であるが、しかし、沖縄に対するような誤った知識は持っていないのである。では、何故沖縄のみが特別に誤って認識されるようになったのかといえば、理由はいろいろあろう。

島津藩の誇張的異人種（琉球人）支配の意識の残存や明治以来の絶対主義政府の種々の差別政策もあろう。であるから、沖縄イデオロギー（沖縄に対する一般的に広範に存在する誤った、珍奇な意識）の除去とは、さしあたり現在ある沖縄に対する誤った知を無知の状態に引き戻すことにあり、誤った知を大衆に与える諸制度は撤廃ないしは改正されることが要求されなければならない。（沖縄へ行くのにパスポートが必要だから沖縄は日本ではない。従って沖縄人は日本人ではないと結論する日本人学生がいた。）

ジャーナリズムの生半可な沖縄ないし島ブーム作りや、意識的、無意識的に使う「日本」のアンチテーゼとしての「沖縄」の発想。例えば、アナ氏の「沖縄では……日本では……」という言葉使いを聞くと、彼を八つ裂きにしてもあきたらない程のショックと軽蔑を感じないではいられないが、しかし、彼のその意識は、彼の責任なのではなく、彼は一般民衆の意識の一般的表現を無意識に彼の中で再生産しているにすぎない。およそ、ジャーナリズムが沖縄を取り上げる場合、それは沖縄に関する偏見と誤謬と無内容とを大衆にバラまいているにすぎない場合が多い。

本土の大学に入った頃に本土日本人の友人たちが、沖縄出身ということにいやらしい好奇のまなざしを向けて始める彼らの沖縄観。「君は沖縄人（ショック）にしては日本語がうまいね（二度ショック）」「君は沖縄に移住したのかね」「教科書も同じとは驚きだね」などと、山之口貘の「会話」の現代的再現として日々日常的に遭遇し、気弱な者をしてノイローゼにするに十分である。ここにおいて、ある者は「故郷喪失者」反沖縄主義者となり、反対の極に自己の中に沖縄問題をあまりに過大に位置づける、いわば前者の逆転形態たる沖縄主義者が生まれる。その中間に「沖縄」に執着せず、また、民衆のみならず知識人の間にも広範にどす黒くへばりついた沖縄イデオロギーの存在を否定し、あらゆる意味での「沖縄」にこだわるのは自意識過剰の思い過ごしにすぎないと考える中間主義者＝平均的日本人もいる。

3　沖縄体制論＝幻想の中の沖縄――『沖縄』（岩波新書）発行によせて

時代の幻想が時代を支配し、無知な傲慢さでカッポしている、そんな時代がある。それが支配体制のありかたと連なる時、それは支配者のイデオロギーとなり、大衆の持つ、かかる実体のない、誤れる幻想が解消されぬことに体制の存立はかけられているといえる。「沖縄」も現代日本社会のかかる幻想のひとつである。

「沖縄」というものに対する日本人民大衆の意識からすれば、若干異質なものでしかも日本の「固有の一部」でなければならぬというヘンな矛盾感は、「沖縄人」（「大阪人」などと同次元でなく「日本人」にたいするアンチ・テーゼとしての）という寓話がエトランゼないしセミ・ジャパニーズと意識されることに対応している。我々が「沖縄」という言葉から受けるイメージもきわめて漠然としている。民族・歴史・言語についてそれが疑いようのない程、日本の単なる一県のそれにすぎずただその歴史形成過程がその辺境性のために特殊の形態と方向をとったというにすぎない。筆者の知っている本学の教授が「沖縄」に関する無知を暴露されかかってタジタジになった光景を思い出す。商売柄、沖縄について一番よく知っておるべきはずのその教授が……。

日本社会にかように存在する沖縄に対する意識状況を反映してか今度出た『沖縄』は霜田正次氏ら沖縄出身の三人の共同執筆であることと相まって、「沖縄学」についての絶好の入門書となっている。従来、いわゆる「本土人」によってものされた「沖縄物」が作者の主観的意図にかかわらず、「支配」的意識で書かれた誤ったものや、反対にヘンにあわれっぽいものが多かった。本書はかような誤った「沖縄像」についての具体的ケースを前章で冷やかな調子で取り上げながら「沖縄の歴史、民俗、文化などについての、概括的な紹介書」となっており、読み進むうちに「日本的な、あまりにも日本的な」沖縄であることに今まで無知であったことに思わず顔の赤らむのをおぼえる。著者が本書中でいわゆる「沖縄人」が「日本人」であることをあらゆる方面から論証することに力点をおきすぎ、沖縄が置かれている現状況の経済学的分析が落ち、戦後史が手薄になっているのは欠陥のひとつであろうが、そこを補うものとして同新書の『沖縄からの報告』（瀬長亀次郎著）がある。

現在の沖縄はもはや「歌と踊りの島」ではない。全日本の諸矛盾が集約的に表現され「日本社会のあらゆる領域でのひずみあるいは不均衡」（丸山眞男「日本におけるナショナリズム」）が積み重ねられた地点であり、沖縄問題と真剣に対決してゆく過程の中でこそ、全日本の問題状況も明確に認識できるであろう。

日本国民は、朝鮮やドイツの悲しい分断線や植民地的支配下の遠い外国のことを口にする。しかし、我々日本民族自身を分断している沖縄本島のすぐ北に引かれた北緯二十七度線の意味はよくわかっていない。同じ血を分けた百万の同胞が十七年もの長期間、アメリカ帝国主義のもとで日夜呻吟している事実の分析なくしては日本の独立、ましてや日本革命の展望は切り開かれないであろう。しかし、ともあれ、ようやく本書の如き沖縄への初歩的知識を書いたものが出版されたことは、我々にとって幸いなことであり、同時にこれは日本社会の不幸を示すものに他ならない。

反復帰論から「琉球共和国」論への転轍

一九六八年から七〇年にかけての反復帰論の登場は、しかし、あまりにも遅すぎた。それは、民族主義的な復帰思想で染め抜かれた祖国復帰運動が、日米両政府の密約がらみの返還協定によって〈葬送〉されて無効化し、「祖国＝日本人」教育で訓育された沖縄の民衆が、「国家」幻想から目覚めようとする時代にようやく登場したのであった。

反復帰論は、意識的な青年層や知識人たちに一定の支持・影響を広げたが、現実的には体制内化した「祖国」復帰運動にたいするアンチ・テーゼとしての異議申立てに終わった。その唯一の例外が七〇年十一月の国会議員選挙にたいして戦われた国政参加拒否闘争である。

六九年十一月の佐藤・ニクソン会談で合意された「七二年復帰」について、沖縄タイムス社がした大規模な全琉世論調査の結果が「七二年復帰と国政参加選挙の動向」と題して公表されている。（一九七〇年九月十一日付「沖縄タイムス」）

そのなかで、「あなたは、本土の国会に県民代表を送れば、復帰準備や、県民の福祉向上は大きく期待できると思いますか。そうは思いませんか。」という問いに対して、期待できる三九％、多少期待できる二九％、そうは思わない八％、その他の答え一％、答えない二三％となっていた。つまり、この選挙に明白に疑問をもつ民衆は一割に満たないものであった。

しかし、国政参加拒否闘争として開かれた「10・8国政参加拒否大討論会」には、五〇〇名余の満場の参加者を集め、対立する各セクトや個人参加の労組組合員のほか「市民運動的な色彩と内容の芽生えが見られた」（一九七〇年十月十二日付「沖縄タイムス」）とされて、つぎのような文言を含む宣言文が発表された。

これまで直接民主主義的に展開されてきた運動の成果を議会内の論戦に無化させ、沖縄の大衆運動に秩序的、合法的に引導を渡す策謀に加担する革新諸党の裏切りと堕落は許せない。

それは、日米共同声明を補完し、返還協定容認の県民意思を擬制するものでしかない復帰前の国政参加に没入する「祖国」復帰運動総体の思想と行動を指弾するものであった。しかし、国政参加拒否闘争の成果は投票率の全体的低下として結果しただけに終わった。

反復帰論が「現実」を唯一獲得したかに見えた国政参加拒否闘争は、こうして終息した。この拒否闘争を除けば、〈反復帰〉の思想と行動は、思想原理としては、国家に糾合されることを拒否する射程の深さと長さをもっていたにもかかわらず、政治運動としてはもちろん理念的にもありうべき沖縄の社会ないし国家構想にまで到達することはなかった。その当時においては、たとえば、ハッキリと「琉球独立」論を口走ることには、ある種の抵抗感があった。それは、戦後直後の日本共産党の琉球独立論、また早くも五〇年代に群島議会で提起された琉球独立論がアメリカの極東戦略とからめてイメージされたため、独立論は、思想的にも運動としても「祖国」復帰思想に席捲され、いつの間にか歴史上から退場し消滅したことが背景にある。たとえば、雑誌「世界」(一九七一年六月号)の特集「復帰を問う」の誌上憲法公聴会(司会、東大教授潮見俊隆)の対論参加者(安里芳雄、新川明、外間米子、宮里辰彦、仲宗根勇、金城清子、長嶺一郎)のひとりだった新川明は、司会者からなぜ「反復帰」を言うのかと問われて、「具体的な問題として、沖縄が独立できるのかと言えばそれは不可能だ。しかし、憲法ないしは日本とのかかわりで沖縄の今後のあり方を考えていく場合に、あるいは大衆運動を組織していく場合に、思想の問題として君は独立論かと言われると僕はそうだと答える」と言っていた。

しかし、保革のほかに、この国政参加選挙に孤立無援の第三の勢力として戦った琉球独立党党首の野底土南(本名野底武彦)は、「琉球人は日本人ではない。琉球人は日本人とは異なる一民族単位である」として、参議院選挙を返還の是非を問う住民投票とすべきと主張したが、保守、革新のはざまで完全に埋没し敗退した。その野底氏は以前からたびたび職場にいるわたしを訪ねて来ては、「邪蛮(ジャバン=日本人)は信用出来ない」とか、また、公認会計士らしく「琉球が独立しても尖閣の資源もある。経済的に問題はない」などと熱心に語っていたものだ。彼は歴史の幕開きに少し早すぎて入場した〈悲劇の人〉ではなかっただろうか。日本国家の構造的差別を前にして、沖縄において普通に独立論が語られるいま、NUKA・DUNAN氏は草葉の影で何を思っているであろうか。

復帰一〇周年にあたり、琉球新報社が毎日新聞社の協力を得て全県下で世論調査を実施した。その結果によると、復帰後にかけていた期待が実現しているか否かについては、実現を肯定する者四六％、否定する者四九％と伯仲しているが、生活満足度は、「満足している二二％」「ある程度満足している三九％」「あまり満足していない二八％」「満足していない一一％」となっていて、六割が生活に満足していることがわかる。（一九八二年五月十四日付「琉球新報」）

そうすると、一九八〇年代とは、一九六九年十一月の日米共同声明で「核抜き、本土並み、七二年返還」が確定した前後、民衆の意識のなかで「祖国」神話が崩壊し始め、「復帰不安」という言葉が沖縄社会に瀰漫していた時代は去り、国策によって、沖縄の各面各層において日本本土との一体化と統合が構造的に進められ、沖縄社会が、相対的安定期に入った時代であったと言える。本土との政治的・経済的組織や生産、流通の統合・系列化が進化・拡大し、復帰直後の民衆の自衛隊アレルギーや反ヤマト感情も希薄化しつつあったのが復帰一〇年の沖縄の現実であった。

こうして、復帰運動の終焉の果てに、沖縄が日本国家にほぼ完全に囲い込まれたこの時代、死滅した復帰思想に代わる沖縄の時代精神というべき「国家」を超克する指導理念を求める黙示の胚子が、復帰一〇年後の沖縄社会に胚胎していた。それは、個人の意識的な思想のなかに、あるいは時代の無意識的な空気として存在していたはずである。

そのような時代、沖縄タイムス社が一九八一年六月に発行した「新沖縄文学」四十八号のなかで、特集「琉球共和国へのかけ橋」が企画された。それは、まさにその時代の空気を読み取った卓越した編集者の思想の産物であったであろう。

その試みこそは、反復帰論が単なる政治論としてではなく、反復帰論がもつ広くて深い文化的視野から「憲法私案」というかたちで沖縄の自立構想まで展望しようとしたものであった。

こうして、反復帰論から「琉球共和国」論への転轍の流れができたのである。

その特集のために、編集者から依頼されて、わたしが書いたのが、本書第二部に掲載されている「琉球共和国憲法F私（試）案（部分）」である。

それは、川満信一起草の「琉球共和社会憲法C私（試）案」（川満信一・仲里効編『琉球共和社会憲法の潜勢力――群島・アジア・越境の思想』、未來社刊、所収）とともに四十八号に掲載され、起草者二名を含むジャーナリストや大学教員など八名の討議に付されたものである。

編集者の依頼としては、百年後の沖縄をイメージしてパロディー的な内容ながら沖縄の意志と力を表現し、同時に復帰一〇年目の現実に対するアンチ・テーゼをも含ませるという無理難題の注文だったと思う。

その要求をすべて満たすには、国家論やら所有権法の理論、共同社会論、はてはマルクス・エンゲルス・レーニンの関係文献、世界各国の憲法・憲法史等々無限大の文献を渉猟する必要がある。

時間的な制約もあって、前文及び全五六条に及んで全面展開されているC案と異なり、F私（試）案が、「前文」と「基本原理」にとどめ「（部分）」となっているのはそのゆえであった。

「新沖縄文学」四十八号のなかで、特集「琉球共和国へのかけ橋」の憲法試案はかなりの反響をよんだ。そのひとつの例として、「朝日新聞」の一九八一年八月十七日の夕刊「今日の問題」欄をあげたい。その欄で「独立宣言」と題して、C案とF案のふたつの憲法私案及び井上ひさし氏の『吉里吉里人』をとりあげ、つぎのように論評している。

（中略）各条文を読み通すと、離島、経済的閉塞、基地苦、本土との格差などへの嘆き、怒りを象徴する憲法であることがわかる。同時にあくまで争いを拒否し、おおらかに生きようとする精神風土をうたいあげた憲法、と認識できる。編集者は二一世紀後半を想定して試案づくりを依頼し、パロディー的な内容の中に、沖縄の意志を示すことをねらったという。したがって、法理的には矛盾もあり、第一「共和国」というかき根をめぐらしては、完全な理想は具現できまい。来る者は拒まず、国籍など必要なしという「共和社会」に改まった憲法が必要かどうか。二本立てになったのもそうした事情によるらしい。これを読んでいて、井上ひさし氏の『吉里吉里人』を思い出した。東北地方に突如『吉里吉里国』が出現し、日本からの独立を宣言する。その政策理念は、自然との融合、農業優先、平等、平和などで、琉球共和社会憲法と見事に重なり合う。日本の政治に欠落したもの、社会のひずみ、こころの荒廃といったものをすべて裏返しにし、われわれが希求するユートピアを井上、琉球パロディーは描き出すのである。（中略）時を同じくして出た二つの「独立宣言」には、単なる遊びと笑って読み過ごせないものを感じる。

二〇一四年七月・極秘文書で明らかにされた屋良革新政権の闇

前述したように、米軍統治下の民衆の自治権拡大運動の成果として一九六八年に主席公選が実現し、「県民党」の名のもと、「即時・無条件・全面返還」の基地政策を掲げた革新統一候補の教職員会長・屋良朝苗が「本土との一体化政策」を主張した保守派のエース西銘順治を破って、初めての公選主席が誕生した。

教職員会長時代、「屋良天皇」といわれたワンマンで、思想的には戦前的な天皇観の持ち主であるかに思われた屋良氏だが、一般には、「誠実」と「善意」の人と見られていた。

しかし、わたしは、政権発足間もないころから、反復帰の論調のなかで、一貫して、屋良政権の限界と本質を問い続けてきた。

屋良が当選した直後の一九六八年十一月十九日、米軍のB52戦略爆撃機が嘉手納基地で離陸に失敗し墜落爆発する事故が発生した。その衝撃によって、以前からB52の常駐化に反対していた県民運動に火がつき、復帰協、沖縄教職員会、社会党系、共産党系の両原水協などの一三九団体で組織する「いのちを守る県民共闘」が結成され、すでにスト体制の闘争方針をきめていた県労協幹事会と呼応してB52と核兵器撤去、原潜寄港阻止を要求して一九六九年二月四日にゼネストを決行することが決められていた。米軍はゼネスト参加者を懲戒処分にすると威嚇し、一方、日本政府は、日米の復帰交渉に支障が生ずると屋良主席に圧力をかけてきた。だが、反戦・反基地への県民意識はますます高揚し、十二月十四日、県民共闘主催で、総決起大会が開かれ、一二人のB52撤去要請団を本土に派遣し、加盟各団体は次々とスト権を確立、ゼネストに向けて動く大衆のエネルギーが最高潮に達していた。一月三十一日佐藤首相と三度目の会談をして帰任した屋良主席が「六月ころには移駐する」との感触を得たとして、屋良主席から亀甲県労協議長にたいしゼネスト回避要請がなされ、ゼネスト言い出しっぺの県労協がまず陥落し回避決定。「いのちを守る県民共闘幹事会」も連日連夜の討議と混乱のなかで回避の結論を出した。こうして、二・四ゼネストはアッという間に潰え去った。ゼネスト回避にたいする下部組合員、学生などの不満と怒り、そして民衆のあいだに、保守政権と変わりない屋良政権への糾弾の声が広がった。

わたしは、前年の年末に嘉手納で開かれた県民共闘会議主催のB52撤去要求総決起大会のスクラムを組みデモ行進の輪の中にいながら、ゼネストのゆくえに多少の懸念をもっていた。屋良主席が頻繁にこの件で東京詣でをしていたからだ。しかし、その回避劇の結末には、我慢ならなかった。わたしはすぐ、二月五日の「沖縄タイムス」読者欄で「圧殺されたゼネスト」と題して少々長い文章を書いた。このとき、わたしの脳内では、「指導者たちは三月と四月はパリの民衆を見せかけばかりの闘争に巻き込むためにあらゆることをやり、五月八日ののちは民衆をほんとうの闘争からそらすためにあらゆることをやった」（『ルイ・ボナパルトのブリュメール十八日』岩波文庫、伊藤・北条訳）というマルクスの言葉が駆けめぐっていたはずである。わたしは、次のように書いた。

従来B52撤去運動の極左であった「いのちを守る県民共闘」はたちまちのうちに極右へ一八〇度の転換を遂げた。何故か。

この一見不可解な悲劇は私にとって事前に予想しえたことだ。空騒ぎに終わった不発のゼネストは多くのことを教える。私は無名の大衆の名において、その「何故か」の論理構造を明らかにしたい。

高度に政治的に洗練された指導部と意識した大衆の高揚なくして、すべての政治的社会的諸運動は存在しえないはずだ。そのいずれかの条件を欠く時、運動は悲劇として終息する。私はまさに「騒動」に終わったこの歴史的ゼネストは、アブノーマルな沖縄的状況に対するすべての告発者にとって、思想的実践的過渡期の一大接点として、後日、痛恨と怒りをもって思い返される日が必ず来ることを断言する。

生命の次元での大衆の高揚。戦闘的な言葉での指導部の呼応。それを背景にした屋良政府の日米両政府へのマヌーヴァー的外交的圧力。こうして事態はすべてうまくいくかに見えた。だが、最終的な決定的局面での指導部の変身ぶり！　これを裏切り者、スト破り、ダラ幹、詐欺師等等千万語の罵詈雑言を費やしても、「何故か」の論理は明らかにされない。

端的にいって、今日のこの事態は、指導部を構成する人たちの思想的本質の必然的な現象的帰結なのだ。制度としての民主主義の未定着な戦後沖縄社会で、この人たちは何らの思想的実践的試練も受けず、ただ組合風の言葉を人前で大声でしゃべれる能力だけで成り上がり、親分子分のパーソナルなヤクザ的関係を基礎に、大衆運動をボス支配の前近代的組織におしとどめてきた。穏やかな日常での勇猛果敢な言辞と戦うそぶり。だが、大衆が指導部の思想と行動を乗り越えようとする決定的瞬間には、「統一と団結」の美名のもとに大衆の統制と分断に狂奔する秩序党への変身転化。沖縄大衆運動のパラドキシカルなこの図式を私たちはなお生きるのか。

そしてまた、「日米共同声明」以前、屋良政権発足後半年もたたない時点でも、次のようにも書いた。

高揚した二・四ゼネストが屋良主席の「要請書」一本で何万、何十万の政治的、いや生命次元のB52撤去要求は雪崩のように潰え去ったことが思い出される。しかも、回避要請の根拠となった「六月撤去感触説」なるものは、事実無根であったことが、去った愛知訪米で明らかにされている。何たる裏切り、何たる人民愚弄！　大衆の名において、革新の名において、人民の政治的情熱が反人民的に解消され収拾される、本土政府のたくみな政治的機構と化する危険が屋良政権には内包されているように思われる。（「新沖縄文学」一四号、一九六九年八月）

ある意味で〈革新〉主席の誕生は、ナショナリズム復帰運動がたどりついた、最後の墓場であるだろう。（中略）本土自民党政府は、本来一介のローカルの首長にすぎない屋良氏個人を、まるで一国の元首なみの〈大物〉的扱いをし、「穏健」への個人的尊敬に立って、保守体制のヘゲモニーが一定の譲歩をなすかのごとき印象をふりまいている。しかし、その政治的底意は、屋良氏個人にある種の物神性を賦与することによって〈日本問題〉の台風の目にもなりかねない沖縄の大衆運動の高揚への歯止めの役割を期待して、屋良政権を利用しようとするところにあると思われる。その格好な例を私たちは、二・四ゼネストの崩壊過程のなかにみる。（「現代の眼」一九七〇年七月号）

屋良政権が「本土政府のたくみな政治的機構」にすぎなかったのではないか、という私の長年の疑いを証し立てる歴史的資料が、つい最近明らかにされた。

その資料とは、二〇一四年七月二十四日に公開された一九七一年四月二十一日付の外務省の極秘文書である。

一九六九年七月知花弾薬庫で致死性の神経ガスが漏出した事実が米紙の報道で発覚し、反発した沖縄からその撤去要求が出された。米政府はGBガス（サリンなど）の漏出を認め、撤去を表明した。その一回目の移送が七一年一月に行なわれ、二回目の移送が同年七月から九月まで行なわれた。二回目の移送のさいに反対運動の強い地域を迂回するための道路建設費二〇万ドルを日本政府が負担することに関して、日米政府が「口裏合わせ」をしていた。「経費支出を沖縄から要求させる形をつくり、批判をかわそうとした日本政府」（二〇一四年七月二十五日付「朝日新聞」）が屋良政権を政治的に利用していた「統治下の闇露呈」（同日付「沖縄タイムス」）の事実が明らかになった。すなわち、「一九七一年四月二十一日付の極秘文書によると、山中貞則総理府総務長官が、二〇万ドルの肩代わり決定を吉野文六外務省アメリカ局長に伝えた。山中氏は、屋良主席から米に要求させ、米側に断らせた上で最後に日本政府に要請させる筋書きを示し、実行された。USCAR（米国民政府）文書はこの筋書きが芝居がかっていることから、『歌舞伎シナリオ』と呼んでいる。」（同日付「琉球新報」）

「お膳立てが整った時」に屋良主席に伝えるのが「もっとも好ましい」としているその「お膳立て」（シナリオ）とは、「①屋良主席が新ルートについて地元の同意を得ること　②屋良主席がランパート高等弁務官に米側による全額ないし二分の一負担を要請　③弁務官が一切負担できないと回答　④屋良主席が日本政府に要請すること――。全額負担で移送の早期実行を可能にすると同時に、屋良氏ら琉球政府側を全面支援していると の印象を演出しようとしていたことがうかがえる。」（同日付「琉球新報」）

さらに、「今回公開された外務省の外交文書には、一九六九〜七一年の日米両政府関係者の会談記録が含まれる。両政府関係者らは中道的で穏健路線を取る屋良主席の政治手法を高く評価。『中道的立場を持続させるために支援が必要』と発言するなど、革新勢力が反米的な強硬姿勢を強めないように屋良主席を政治的に利用しようとしたことがうかがわれる。」（同日付「琉球新報」）ということが、ようやく公然と確認される時代となった。

「本土自民党政府は、本来一介のローカルの首長にすぎない屋良氏個人を、まるで一国の元首なみの〈大物〉的扱いをし、「穏健」への個人的尊敬に立って、保守体制のヘゲモニーが一定の譲歩をなすかのごとき印象をふりまいている。しかし、その政治的底意は、屋良氏個人にある種の物神性を賦与することによって〈日本問題〉の台風の目にもなりかねない沖縄の大衆運動の高揚への歯止めの役割を期待して、屋良政権を利用しようとするところにあると思われる。」と、わたしが書いていたころ、書いたようなことが政治の裏で演じられていたわけだ。

わたしの若かりしころの政治的嗅覚は、まったくの荒唐無稽なものではなかったことが証明されたのではないか、とわたしは考えている。

以上によれば、二・四ゼネスト、毒ガス移送をめぐる屋良主席の対応をはじめ、普天間基地の移設問題でも生起したような、民衆の政治的情熱を一気に転倒し掠め盗る背信の政治的リーダー（住民投票の結果を無視して移設容認をした名護市長や公約破りの県知事など）が演じた、沖縄の内なる「ユダ」の民衆裏切りの歴史が連綿と続いてきたことは明白な事実となった。

そしてそれは、辺野古沖の「埋め立て承認」というかたちの現在進行形で現在の沖縄県政のなかでも確実に進行しているわけである。

民衆のひとりびとりの一票一票の力で、これまで繰り返されてきた沖縄の悪しき〈裏切りの政治史〉に決定的に終止符を打つのか、それともそのような「ユダ」の再生産を許し続けるのか。今後百年、二百年間の沖縄のありようを選択する二〇一四年十一月の沖縄県知事選挙が目前に迫っている。

二〇一四年十一月沖縄県知事選挙がはらむ歴史的意味

一地方自治体の首長選挙の帰趨が、その自治体の枠を超えて日本中央の政治的命運を決するほどの衝撃力をもつことは、それほどありえることではない。しかし、二〇一四年十一月の沖縄県知事選挙はまったく異なる様相を呈している。安倍自民党内閣は、以前から、内閣の政治日程の重要な山場のひとつとして、二〇一四年十一月の沖縄県知事選挙に焦点をしぼって、着々とその戦略を練ってきた。この知事選挙の結果次第では、たとえ、安倍内閣が、普天間基地の名護市辺野古への移設工事を強行突破しある程度の既成事実を作ったとしても、「移設」計画全体がスタート地点に引き戻されるおそれがあるだけではなく、安倍政権が進めている外交・安全保障政策、とりわけ日米関係全般に大きな影響を与えることになり、それが、ひいては安倍政権の命脈が尽きる動因ともなりうる可能性があることを安倍内閣が十分認識しているからであろう。

自らの選挙公約を反故にして、ヌラリクラリと論理破綻の言辞をはきながら、辺野古沖の埋め立てを承認し、県議会決議で辞任を求められている知事現職の例の男が、沖縄県民の有権者の前で公式の出馬声明もしていない二〇一四年八月六日、「安倍晋三首相と首相官邸で会談し、七日に知事選への立候補を正式に表明することを伝えた。同席した県幹部によると、首相は『しっかりと頑張ってください』と応じたという。」（八月七日付「沖縄タイムス」）

考えてもみよ。沖縄以外の都道府県の知事選挙で、しかも選挙の三か月以上も前に、立候補予定者が、首相官邸を訪ねて首相に出馬報告をすることがあるであろうか。そもそも、首相がかくもやすやすとそのような者に会ってくれるであろうか。

日本国憲法が新設した「地方自治」の制度的意味もその精神もわからず、明治憲法的な中央集権的官治行政しか想像できないような貧弱な頭脳で、中央権力にすり寄り、「地方自治の本旨」（憲法九二条）にもとる行為を平然と敢行する例の男の出馬報告は、安倍内閣の知事選戦略に乗せられた、想定内の行動ではある。しかしこれを「異常」と感じない感性は、安倍内閣のウソと傲慢の独裁政治にシッポを振って、未来の沖縄を売り渡そうとたくらむ沖縄の内なる「ユダ」たちと同様、自己の沖縄人としてのアイデンティティーを喪失してしまった証拠である。安倍内閣の忠犬ハチ公を嬉々として演ずることで、種々の利益にありつこうとする人間は、短期的な視野狭窄の無責任体系のなかで自足し、子々孫々までの末永い沖縄の豊かな自然と静謐な平和への志向とは無縁の存在となっているはずである。

最近のオスプレイ反対の県民大会において、自民党県連幹事長が大会司会者となったように、文字どおり保・革の「オール沖縄」が結束し、「オールジャパン」に対抗して、基地問題をめぐる沖縄の孤独な戦いは勝利への道を歩むかに見えた。

しかし、「普天間基地の県外移設」を公約に掲げて当選したひとりの自民党衆議院議員が、安倍政権に迎合して「県内移設」を容認する意思表示をした時点から風向きが変わり始めた。その世襲議員の父親は、かつて、こう書いたものである。

「われわれ沖縄の政治家に望みたいことは、感性に裏づけられた思想をもってほしいということと、権勢や金銭に超然として、最後まで自己の政治的信念を貫いてもらいたいということである。」

(『沖縄と私──西銘順治評論集』月刊沖縄社、一九六八年)

「親の心子知らず」とは、まさにこのことであろう。安倍政権下で昨今顕著に表面化している国会の機能劣化の原因のひとつは、国会の赤ジュウタンの上をカッポするあまたの世襲議員の質的劣化に求めることができるだろう。思えば、第二次世界大戦後のドイツにおいて、ヒトラーの子息が首相になることは、天が落ちてもおよそありえぬことである。しかし、わが民主主義国家・日本においては、太平洋戦争の戦争責任者が、戦後早くも総理大臣に返り咲き、その孫が二度までも総理大臣となった。その孫は、いま、祖父の時代を取り戻そうとして、ヒトラー政権が授権法をはじめとする一連の立法によってワイマール憲法を形骸化させ、ナチス独裁体制を成立させて戦争に突き進んだ手法をまねて、特定秘密保護法など違憲立法を強行採決し、解釈改憲による集団的自衛権を容認し憲法を無実化して、「戦争のできる国」へ暴走し、日本国憲法の破壊を終局的目標に定めた。そのような政治状況のなかで、二〇一四年八月六日の広島の平和記念式典および八月九日の長崎の平和祈念式典で安倍首相がおこなったスピーチの冒頭部分が両者とも前年とほぼ同じ文章を使い回したものであったことが報道されている(八月十日付「朝日新聞」など)。さもありなん、と嗤うしかない。切り貼りした文章を神妙な声で読み上げ、被爆者と死者たちを冒瀆しながら、集団的自衛権容認の撤回を求める被爆者団体代表にたいし、「国民の命を守るためだ」などと、いつもの常套・定形の白痴的な言辞を弄し国民に「丁寧なご説明」を続けている。「支配権力はこうした道徳化（「可愛さ余っての打擲の結果は周知のような目を蔽わせる南京事件」――仲宗根）によって国民を欺瞞し世界を欺瞞したのみでなく、なによりも自己自身を欺瞞したのであった。我国で上層部に広い交際を持ったグルー元駐日大使もこうした自己欺瞞とリアリズムの欠如に驚かされた一人である。いわく『（中略）日本人の大多数は、本当に彼ら自身をだますことについて驚くべき能力を持っている。』」（丸山眞男『現代政治の思想と行動』九八ページ、傍点―原文）

ここで丸山眞男のいう「自己欺瞞とリアリズムの欠如」こそ安倍首相にもっとも妥当する「心的状態」であるであろう。「『このような心的状態は、如何に図々しくとも自分が不当であることを知っているのよりもよほど扱い難い」（前記グルー元駐日大使――仲宗根）。つまりこれが自己の行動の意味と結果をどこまでも自覚しつつ遂行するナチ指導者と、自己の現実の行動が絶えず主観的意図を裏切って行く我が軍国指導者との対比にほかならない。どちらにも罪の意識はない。しかし、一方は罪の意識に真向から挑戦することによってそれに打ち克とうとするのに対して、他方は自己の行動に絶えず倫理の霧吹きを吹きかけることによってそれを回避しようとする。メフィストフェレスとまさに逆に『善を欲してしかもつねに悪を為』したのが日本の支配権力であった。」（前記同書九三〜九四ページ）

集団的自衛権の行使は「国民の命と財産を守るためだ」などと、ある意味で幼稚かつ非論理的な言辞を弄して、「自己欺瞞」を続けつつ三権分立制度を無視する安倍独裁とその一派の跳梁跋扈を許している日本国民は、はたして、北朝鮮・金王朝の独裁体制を嗤えるだろうか？

安倍内閣の知事選戦略は、「普天間基地の県外・国外移設」を公約として当選した県選出の五名の国会議員を自民党本部の圧力でいともたやすく籠絡し、その「公約」を破棄させ「辺野古容認」へ転換させる強権「処分」として現実化した。二〇一三年十一月二十五日、東京の自民党本部で刑場に引かれ行く死刑囚のように、うつむき、うなだれ、悲愴な表情で居並ぶ県選出議員たちの前横で、かって民主主義の補完たるデモを「テロ」と同視した、かの石破自民党幹事長が、テーブルに手をつき、直立して、勝ち誇ったように、普天間基地の「辺野古移設を含む、あらゆる可能性を排除しないことで一致した」と会見で述べるTVニュースが流された。県民の怒り、ショックは猛烈に大きかったが、わたしは、議員のなかからひとりの「反逆者」も出なかったことにむしろ驚いたのである。少しは知恵も良識も勇気も自尊心も備えているはずの人物が、五名のなかにひとりくらいはいるのではないか、と考えたのだ。この程度の人物が国民の「代表者」にのし上がる選挙制度にこそ根本的問題が伏在しているとしても、選んだ選挙民の政治意識のレベルが反映された結果であることも否定できない。

その次に起こったのが、自民党沖縄県連の組織的な公約破りだった。同じように、「普天間基地の県外・国外移設」の政策方針を組織決定していた自民党沖縄県連が事もなげに、「県内移設容認」に転じたのである。政府・自民党本部からの戦略的な圧力行使の結果であることは疑いえない。

そのうえ、さらに驚くべきことに、その後間もなく改選された自民県連の会長に最初に〈転んだ〉あの例の国会議員が選出され、県民大会で司会をした幹事長も続投としたことであった。この手の連中は新聞もまともに読まない（読めない？）ものと見えて、読者の投稿欄や論壇にあふれた、公約破りにたいする県民の怒りがどれほどのものかが読み取れないのか、あるいは安倍流の民衆愚弄の手法で県民を積極的に挑発する意図があったのか。おそらく両方の混在した結果であろうと想像するしかない。

こうした経過を経て、県知事の男が、テレビカメラを入れての安倍政権側との公開会談のなかで、周到に仕組まれた「アメ」と空手形の総理の言辞にたいし、「驚くべき内容」と言って驚喜し、沖縄を代表して感謝の意を表し、「いい正月を迎えられる」とはしゃぎ、猿芝居を演じた末に、選挙公約を反故《ほご》にして辺野古の「埋め立て承認」をする二〇一三年十二月の年末にいたったわけである。「承認」後の公式記者会見での身振り、手振りと記者質問の趣旨が理解できない支離滅裂な言辞が続き、会見で質問した東京のさる著名なジャーナリストとのあいだで、知事の「日本語能力」論争にまで発展したものだった。

知事選の争点は、辺野古移設の可否とともに、国の環境影響評価書で示された環境保全措置では「自然環境の保全を図ることは不可能」と評価書にたいし知事意見を出しながら、関係法が前提とする総合的な行政裁量を基にした判断もせずに、知事が、埋め立て申請を「行政手続上適法」として形式的に「承認」したことの是非も問われることになるだろう。

二期目の知事選において、沖縄の環境保全を演説の筆頭において主張していた現職の「公約」と彼のした「承認」行為との整合性も問題となろう。

いま現在、現職の三選出馬が公式に確定する一方では、「オール沖縄」の名のもとに保守の反主流派と革新諸党、平和団体、それに地元各新聞に巨費を投じて辺野古移設反対の意見広告を出した沖縄の有名企業の代表者を始めとする沖縄経済界の有力者たちが合流し、自民党幹事長も経験した人物が現職の対抗馬として浮上する公算が強くなっている。そのふたりの他に保守系の人物もすでに出馬表明している。

そうすると、今回の県知事選挙は、保守系の候補者どおしで争われることになる。現職を含む最有力視されているふたりともその父親も保守政治家であった。すなわち、彼らは、言わば保守思想の〈世襲〉の出自である。「三つ子の魂百まで」といわれるが、彼らがその出自の呪縛から逃れうるほどに、若き時代から主体的に学び、考え、いわば、「知」の自己変革を遂げたのでなければ、保守思想のDNAはその体内で微動だにしていないのではないか。ふたりのあいだには普天間基地の県内移設を容認するか否かにちがいがあるだけで、双方とも「保守」ゆえ、その他の政策にさほどの相違はないとなれば、選挙民の投票選択の決定的基準は、普天間基地の辺野古移設の可否の一点にかかることになる。

世論調査のうえで「移設反対」が県民多数の意見であり、県議会や民間の署名運動で現職知事に辞任要求が出されている状況で、公正な選挙を前提にすれば、常識的には、現職知事に勝ち目はないはずである。自民党本部は、当初、独自調査の結果、苦戦が予想されるとして、現職支援を躊躇したが、別の候補が見つからず、すでに擁立決定をした自民党県連の度重なる支援要請を受け、現職を支援することになった。

このような状況下で行なわれる県知事選挙は、それぞれが死力をつくしての総力戦となるだろう。

劣勢覚悟の政府・自民党がどのような奇策・策略で選挙選を戦うのか。その前哨戦はすでに始まっている。たとえば、アメリカとのなんらの事前協議もなし（後日の報道で「協議なし」が判明した）に、七月二十二日の記者会見で、官房長官が新型輸送機ＭＶ22オスプレイの佐賀空港へ移駐させるとの先行情報を流し、「普天間飛行場の五年内の運用停止」という現職の主張に沿って、政府が現実に動いているかのような印象を県民世論に与える報道操作をして、現職知事にひそかに塩を送っている。

移設反対派の市長が再選された名護市長選挙においては、石破自民党幹事長が、自派候補の応援演説で、五〇〇億円の「名護振興基金」を作るなどと言明し、あからさまな利益誘導の選挙運動もした。しかし、名護市民はもはや「アメ」に目がくらむことはなかった。

二〇一四年十一月知事選挙における政府・自民党の現職支援は、「なんでもあり」の奇想天外の公然、非公然いろいろの手法を組み合わせた巨大なコンプレックスを形成するものとなろう。それとあわせて、「敗戦」後の「オール沖縄」側の当選者への「変節」工作も続けられるはずである。「真正」保守を自認するその人物が当選後、現職知事の二の舞いを演じる事態が絶対に起こらないとは断言できない。その疑念を払拭するには、この選挙でも、かっての県内大型選挙のパターンであった真正「保守」対真正「革新」の単純な対決図式にしたほうが、民意のありかたが鮮明となり、わかりやすいものになるであろう。

しかし、先に述べたように、選挙の争点が、辺野古移設の可否とともに、公約を破り、関係法令に基づく行政裁量をせず、自己矛盾の形式的判断で埋め立て申請を承認した現職知事にたいする審判にも及ぶ以上、現職知事にたいする「ノン」の意思表示を明確にするには、幅広イズムの「オール沖縄」型の選挙体制によって、当面、現職知事を打ち破る必要がある。そうすることによって、その「承認」を錦の御旗にして、県警や海上保安庁などを前面に立てて明白な民意無視の移設強行を暴力的に進めている安倍内閣に決定的打撃を与え、安倍内閣崩壊の道への一里塚となりうる可能性を沖縄が獲得することができるかもしれないからである。その可能性が現実化に向かうとき、沖縄が安倍内閣打倒の国民運動の先頭に立つことになる。そうなれば、間違いなく二〇一四年十一月沖縄県知事選挙が、一地方自治体の首長選挙の範疇を超えた、国家悪に立ち向かう民衆決起の色彩を帯びてくるであろう。

「この憲法が國民に保障する自由及び権利は、國民の不断の努力によって、これを保持しなければならない」(憲法一二条)以上、沖縄の民意を無視し、沖縄と沖縄人の自由及び権利を侵害する安倍内閣による沖縄差別の悪政に抵抗するため、この県知事選挙で選挙権を行使をすることは、最高にして最大の「國民の不断の努力」をしたことを意味する。

この知事選挙ほど沖縄の歴史にとって、また沖縄の未来を考える有権者にとって大きな意味と影響力をもつ選挙は他にないだろう。

いまや沖縄は、憲法クーデターによって憲法危機を公然化させ戦争国家へひた走る安倍「壊憲」内閣と対峙し、日本国家から受けてきた構造的差別から自立して、沖縄の未来構想を再検証する契機となる歴史的転換点を迎えようとしている。

命どぅ宝(命有っての物種)。歴史の審判は近い。

(二〇一四年八月十二日脱稿)

第二部　自立・沖縄の夢とうつつと

「沖縄自立」の夢遠く

沖縄の六月は、重い悲しみの月だ。二十万人余のもの言わぬ死者たちへの鎮魂の営みが集中する六月という月は、沖縄の歳月のなかでもっとも沖縄らしい異彩を放つひとときといえる。

この月、人びとは、戦場に散った肉親知友を思い、おのおのの悔恨の過去を現在へ引き寄せ、それを静かに悼む。米軍の圧倒的物量・兵力の前に島の南端に追い詰められ、軍首脳が自決し、組織的戦闘がいちおう終息したとされる二十三日の「慰霊の日」を頂点に、沖縄各地で戦没者慰霊祭が、毎年粛然と執り行なわれる。国内唯一の地上戦場となり、惨劇の地獄絵図を現出させた沖縄戦の終結から四十年。今年もまた、六・二三（「慰霊の日」）がめぐってきた。

「慰霊の日」は、復帰後の昭和四十九年、沖縄県条例で定められた沖縄だけの地方的祭日なのだ。その日、県以下の公的機関、学校、会社はいっせいに休日に入り、平和への誓いを新たにする。

死者たちの三十三回忌が過ぎたいまなお、毎年この日が来ると、人びとは執拗なまでに、同じ行動を繰り返す。足腰のあやしくなった老婆さえ、わが子の眠る南部戦跡地への祈りの旅へ決然と旅立つ。労働者たちが反戦デモに決起する。年間を通じて、「沖縄タイムス」「琉球新報」の地元二大紙が競うように、種々のシリーズ、紙面で沖縄戦の実相に多角的に迫り続けている。

戦場の非人間的状況が語られ、知識人たちの《集団自決》論争が多くの読者の関心を集める。だが、民衆の多くは、そうした戦争とかかわる明示の言葉を発することもなく、無表情のなか、沈黙のプロテストを続けているかのようだ。沖縄が沖縄であることの自己主張を続けるかぎり、戦争体験の風化などというのは、どこかの国のおとぎ話にすぎないだろう。戦争体験を忘却することは、即沖縄自体の死を意味するのだ。

官製の八・一五が民衆の眼差しの欠落した冷えた「政治」的夏〈祭り〉にすぎないとすれば、六・二三は、沖縄民衆の熱き情念が秘された島ぐるみの、反あるいは非国家的〈祭り〉としての性格を強くもつ。つまりそれは、亡き中野好夫氏の言葉を借りれば、「本土脇腹への痛い棘《とげ》」にほかならない。

だが、戦争体験に異常なまでにこだわり続ける沖縄民衆の心情は、日本本土社会のなかの、何ものかのてのひらの上の、虚構の飽食の時代を楽しんでいる人びとの理解をはるかに超えた位相にある。彼らは、沖縄、そして沖縄の凄惨《せいさん》な戦争体験に永遠に〈甘え〉続けるつもりらしい。

核も基地もない、平和で豊かな沖縄を求めて、孤立無援の沖縄の民衆は、アメリカ軍の銃剣とブルドーザーの前に、素手で立ちはだかった。だが、その日本復帰運動に結集した素朴なまでに純化された民族意識は、狡智《こうち》にたけた支配者意思によって、みごとに秩序党的に転覆されてしまった。一九七二年五月十五日、二十七年に及んだアメリカ支配に終止符が打たれたものの、それは外装だけにとどまった。「核抜き本土並み無条件全面返還」という佐藤政府の政治宣伝は、文字どおりの歌い文句に終わった。結局、返ってきたのは何もなかった。何事も変わりはしなかった。沖縄基地は昨日に続く今日であった。星条旗と日章旗が並び立ちはためいている、広大な軍事基地が、民間地域を睥睨《へいげい》している。民間空港に雑居する軍用機は、民間航空機を間一髪の危険にさらし続ける。軍事演習と爆音公害は、絶え間なく民衆を襲う。

「復帰」から早や十三年。この間、奄美復帰のさいの政府施策に比べ、短期間に大量の財政資金が投入され、道路、学校施設などハード面の社会資本は、確実に整備されてきた。それは、沖縄の光景を一気に変貌させるほどのドラスティックな社会変動となってあらわれた。政治＝制度的機構も、暫定措置法などの法技術を駆使し、米軍政下の旧制度を温存利用しつつ、日本国家のレジームのなかに強権的に編入統合されていった。その過程で生じた矛盾や個々の民衆にふりかかった悲喜劇は、その多くがいまだ書かれざる多章の復帰裏面史として累積されたまま、闇に葬られようとしている。

だが、膨大な財政資金は、地元に滞留せず、本土の大企業を通して、本土へ還流し、また、東京に過度に集権されることになった政治・経済的システムは、自治の桎梏と化したにすぎない。過日、西銘県知事が、東京政府を飛び超えて、直接ワシントンに乗り込み、県民の対米要求をアメリカ政府に直訴したことは、久しく忘れかけていた米軍占領下の沖縄の統治構造を思いおこさせた。いびつながらも、沖縄百万の住民が、一国形態的な政治運営をなし、琉球王国時代同様、一国並みの「外交」能力を自主管理しえていた憲法なき沖縄の、古典的民主制が生きた時代である。

いま、全国一の失業率は変わらず、連続的な企業倒産のニュースが、耳目を引いている。政治経済面での沖縄の自立構想は、見果てぬ夢に終わるしかない状況だ。

しかし、民衆の表情から、どこかあっけらかんとした、底抜けの南国の楽天的明るさが消えることはない。琉球舞踊や古典音楽など灰燼《かいじん》のなかから華麗に蘇生した伝統芸能の花は、いまを盛りと咲き誇り、人びとに支えられている。人間国宝の誕生が素直に喜ばれる。こうして、文化的には、沖縄的なるものは、政治経済的自立論等の衰亡と反比例するかのように、沖縄人のアイデンティティ確認の黙示の拠点として、沖縄社会のなかで、強固に根を張り続けている。沖縄の文化的自立は、「論」より前に、日常のなかに確実にその根拠をみいだす。沖縄は日本のなかの、ひとつの、文化の「共和国」なのだ。

〝沖縄自立〟の夢こそは、沖縄歴史がその裂け目を見せるたびに、姿を現わしては徘徊《はいかい》する思想的亡霊にほかならない。

琉球共和国憲法F私（試）案（部分）

〔前文〕

①　数世紀にわたり中国、日本及び米国の封建的、帝国主義的支配のもとに隷属させられ、搾取と圧迫とに苦しめられたわれら琉球共和国の人民は[注釈㈠2]、今回困民主義革命[注釈㈠3]の世界的発展の中に、ついに多年の願望たる独立と自由を獲得する道についた[注釈㈠1]。

〔注釈《コンメンタール》〕

㈠1　あやまつことのみ多かりしかのゼンエイの党が、歴史上ただ一度、正しきことをのたまった歴史的メッセージからの、著作権侵害一歩手前の無断拝借文。すなわち、一九四六年二月、日本共産党第五回党大会採択〝沖縄民族の独立を祝う〟メッセージ、左のごとく言えり。

……数世紀にわたり日本の封建的支配のもとに隷属させられ、明治以後は日本の天皇制帝国主義の搾取と圧迫とに苦しめられた沖縄人諸君が、今回民主主義革命の世界的発展の中に、ついに多年の願望たる独立と自由を獲得する道につかれた……

(一)2　「われら琉球共和国の人民は」という表現は、××年前わが共和国人民が、サンフランシスコ条約第三条の里子に出され、ありがたきデモクラシー教育をしていただいたアメリカ合衆国の憲法前文にその淵源《えんげん》を持つ。法理学上、制憲権の主体が人民にありとする民定憲法たることを、宣言するものである。

(一)3　困民主義とは、今回の琉球共和国成立の動因となった革命の指導的思想。民主主義革命の歴史的任務の終了、それに打ち続いた社会主義革命の官僚制国家資本主義的堕落という歴史的現実を踏まえ、古くはアナルコ＝サンディカリズム、そして社会主義国家連合軍によって圧殺された一九八〇年代ポーランド労働者運動の歴史的痛憤を背負って、人民の参加と自主管理によって、〃無政の郷《コンミューン》〃を樹立しようとする歴史哲学にほかならない。

なお附言すれば、「困民」なる語は、第三次世界大戦後の現今、米国及びソヴィエト＝中国連合国によって併呑消滅せしわがかつての兄弟国〃日本〃の

② われら琉球共和国の人民は、より完全な連邦を形成し、正義を樹立し、国内の静穏を保障し、一般の福祉を増進し、われらとわれらの子孫のために、困民主義諸国民との協和による成果と、わが国全土にわたって自由のもたらす恵沢を確保し、政府の行為によって四たび戦争の惨禍が起ることのないようにすることを確保する目的をもって、琉球共和国のために、この憲法を制定する。注釈(二)

③ われらは、いずれの国家も、自国のことのみに専念して他国を無視してはならないのであって、

国権がいまだ安定せざりし明治一七年、秩父の谷間から蜂起した秩父困民党に由来すると説く説もあるが、かなり少数説。

(二)本項は前出アメリカ合衆国憲法前文と日本国憲法前文第一項の混血的表現をとってはいるが、それは表現のみを借用しただけで、困民主義革命を経た現在、その意味する内実の落差は、ほとんど決定的なものである。すなわち、前二者がいわば、〝表見的立憲制〟を定めたにすぎないのにたいし、本項には、文字どおりの〝実質的立憲制〟の精神が、脈々と息づいている。

(三)一九××年、第三次世界大戦によって、人類滅亡の危機に瀕した各国は、ようやく地球連合政府の構想に、人類存続の夢をかけたが、なお強固に残存している非困民主義諸国の抵抗も根強い。困民主義革命を達成した我が琉球共和国は、困民主義革命のあからさまな海外輸出はしないものの、本項のなかに

困民主義革命の法則は、普遍的なものであり、この法則に従うことは、地球連合政府を形成し、人類存続をはかろうとする各国の責務であると信ずる。注釈㈢

④　琉球共和国の人民は、共和国の名誉にかけ、全力をあげてこの崇高な理想と目的を達成することを誓う。注釈㈣

⑤　この憲法は、地球連合政府が樹立され、わが琉球共和国がその連合体に参加する日の前日において自動的に失効する。注釈㈤

は、間接的ながら、非困民主義諸国内の困民主義者をはげます意味がこめられている。

㈣憲法を遵守すべき政府権力が、逆に憲法の理想や目的の実現を怠り、はなはだしきは逆コースさえ歩んだ各国憲法前史の歴史的教訓に立って、共和国人民に、かような政府の反憲法的行動をチェックする権能を附与するための注意的規定である。

㈤地球連合政府の構想は、かつての国際連盟や国際連合のような、権限の弱い国際機関ではなく、「人類みな兄弟」というたぐいまれなる人類愛にもとづき、従来の諸国家を、ひとつの人類政府へと形成するブント組織であることに特色を有する。

しかしながら、地球連合政府の運命は、現在なお頑強に抵抗を続けている非困民主義諸国における困民主義革命の成否にかかっている。困民主義革命の先進国たる、わが琉球共和国は、地球連合政府が産声をあげる日まで、とりあえず、一国形態的な本憲

〔基本原理〕

第一条　共和国は、労働と愛に基礎を置く困民主義的共和国である。
主権は、労働と愛に生きる困民に属する。
困民は、この憲法の定めるところにより、主権を行使する。注釈㈥

法を制定するが、それは、あくまで暫定的なものであって、地球連合政府に参加するとの共和国人民の意思の確定があれば、何らの改廃手続を要せず、失効するものであることを規定したもの。

㈥共和国の性格を「労働と愛に基礎を置く」としたところに、本憲法の真骨頂があると言える。というのは、むかし一九四七年のイタリア共和国憲法が、「イタリアは、労働に基礎を置く民主的共和国である」としたり、一九二一年のポーランド共和国憲法に「労働は共和国の基礎である」と規定する条項は散見できても、「愛」に基礎を置いた国家は、人類史上わが琉球共和国をもって嚆矢とするからである。愛のない人生なんてつまらないのと同じく、国家の原理に愛がなければ、国家と人民は、猜疑のピンポン玉を、相互に打ち合うしかない。古来から心優しき反逆者たちの住まったわが琉球弧に歴史上はじめて人民によって樹立された独立共和国の憲法の劈頭に刻むにふさわしい美しい言葉だ。

第二条　琉球弧を形成する諸島嶼をもって、琉球共和国の可視的領土とし、ニライカナイの地をもって精神的領土とする。注釈(七)

(七)琉球共和国は、開かれた連邦国家である。ゆえに、その理想とするところは、〝国境〟というものを廃絶し、すべての国家、すべての民族が、「人類みな兄弟」として、地球連合政府を形成するにある。だが、本項のように、琉球共和国の主権の及ぶ範囲を定めることは、即ちみずから〝国境〟という垣根を造営することにほかならず、このことは、右にのべたわが共和国の国家理想＝国家目的に背馳する。従って、本条項をおこした合理的理由は存しないように思えるが、注釈(五)で述べたとおり、共和国憲法自体が、地球連合政府が成立するまでの暫定的なものであり、本条項によって共和国の主権の及ぶ地理的範囲を定めることは、その間の侵略主義を国家的に否定する論理的効果があり、その限りで、積極的意味を持つと言えよう。

なお、可視的領土のほかに、ニライカナイという、地理学上確定しえない、そのあたりとか、その辺とかという空漠たる空間概念をもって、不可視の領土

第三条　①　琉球共和国は、奄美州、沖縄州、宮古州、八重山州及びその余の周辺離島からなる、分権主義を基調とする連合国家である。注釈(八)

としたのは、可視的と観念されている〝国境〟そのものが、実は、人間によって、人工的に線引きされたインチキ体であって、その実質は、ニライカナイと同じくその辺とかそのあたりとかという程度の曖昧模糊たるものでしかないということを、逆照射する働きをしている。

(八)わが琉球弧の人民は、古くから、島々や土地柄のちがいによって、多様な言語、習慣を育て、文化の基層を深く広げてきた。この文化的多様性を、政治的多様性にリンクさせ、政治組織として翻訳されたものが、第三条の規定する分権主義を基調とする連合国家という国家形態なのである。

むろん、このように四州に区分することも、実を言えば、なお問題がなくはない。各州間においてはもとより、それぞれの州内においても、他州に劣らない程度の地域的確執は、存在し続けているからである。しかし、それぞれの最大公約数をまとめてみると、本条のように、四州に区分することに、あえ

② 周辺離島に居住する共和国の人民は、その欲するところにより、いずれかの州に帰属しあるいはそれから離脱する自由を有する。注釈(九)

第四条　琉球共和国は、その連合国家内の各州に完全な自治権を保障する。共和国政府の権力は、各州の自治権力の行使を妨げてはならない。注釈(一〇)

て反対する理由はなく、この点について他の憲法私案においても制憲会議の議事録上も、論議された形跡がないのは、十分うなずけるものがある。

(九)四州のほかの群小の周辺離島に、本条二項のような自由を保障したのは、琉球弧自体が、かつて〝日本国〟の離島にすぎなかったころ、したたかに味わわされた、中央対地方という中央集権的図式、島ちゃび※の悲劇を、ふたたび、これら周辺離島に背負わせてはならないという歴史的反省に立つ条項である。すなわち、これは、地域的少数者保護の規定である。

(一〇)第四条は、共和国と州との関係を規定したもの。共和国の人民は、まず、その属する州の権力と日常向きあって、生きている。従って、その各州の自治権力のありようこそが、人民にとって第一次的に緊要なものとなる。過去の「日本国憲法」下の現実が示すように、憲法によって地方自治に、制度的保障が与えられたにもかかわらず、実際の運営は、中央

第五条　琉球共和国内の各州が、共和国から離脱し、または既存の州の管轄内に新しい州を形成もしくは創設し、または二個以上の州もしくはその一部たる諸地方が合併して一州を形成することは、当該地域を構成する地方困民固有の権利である。注釈(二)

集権主義的な官治行政によって、覆滅されたという歴史的教訓のなかから、本条は生れた。

この条項の趣旨は、強い地方政府をもつ各州と、その各州間の連絡、調整及び対外的代表権を持つにすぎない弱い中央政府という構成こそが、琉球共和国の基本的国家構造であることを明示したところにある。

(二)もともと「邦土ヲ僭窃《せんせつ》」することは、国家の存立に対する犯罪として、最も峻厳な刑罰によって、威嚇するのが、従来の各国の刑法典上の扱いであった。しかし、その罪は、「政府ヲ顚覆シ」「其他朝憲ヲ紊乱スルコトヲ目的トシテ暴動ヲ為」すこととともに、それが失敗に終った場合にのみ処罰されるのであり、もし、それが成功すれば、彼らこそが、権力者となり、打倒された従前の政府権力者は、数々の反革命的罪状を数えあげられて、断頭台上の露と消えるのが、歴史の通則であった。

しかし、地方民が、自分たちの好む仕方で、自分

第六条　伝統的琉球語、その他共和国内で通用している言語の使用は任意である。官憲の行為および裁判事務についてのみ、法律を以って、公用語を定めることができる。注釈㈢　**琉球語と日本語を公用語とする。**

たちの政治組織を創設、変更することは、それ自体が、自治の極限形態をなすもので、これをもって、犯罪を構成するものとしてきた従来の法制度は、実は、ときの権力者が、自己の権力の正当性について、自信のなかったことを表白しているにすぎない。

　わが琉球共和国は、まさに柔軟で、ゆるやかな人民国家として、従来の法制度上、内乱罪にあたる行為を、地方民固有の、憲法上の権利にまで変質、昇格させ、発想の大転換をはかった。そのあたりに、今回の困民主義革命の結果成立したわが共和国の国家的自信のほどがしのばれる。

㈢注釈㈠2で書きしるした三条の里子を、日本国が実親と称して、里親たるアメリカ国から引きつぐ儀式が進められていた頃の、むかしむかしの一九七〇年十月十九日のお話。「沖縄国会」と言われた衆議院本会議場で、沖縄青年同盟の三人の青年たちが、点火式連発カンシャク玉を鳴らして捕えられ、白州の座に引き出され、そこで、彼ら青年たちが、わが伝統的琉球語でしゃべりまくったことから、テンヤワンヤの騒動になったことがある。

当時の日本国裁判所法第七十四条という法律では、「裁判所では、日本語を用いる」と明記してあったことから、裁判所側が「日本語」の使用を強要し、弁護人を含め三被告人が退廷させられたと報ぜられたのだった。

当時、「日本語」という明定された言語があったわけではなく、多く活字になり、テレビや教科書の基本となっている東京方言を指すと解釈するのが、一般的な考えであった。だが、わが琉球語が日本語でないと考えるがごときは、言語学上、はなはだしき無教養を暴露したものにほかならなかった。しかし、もし一般的にもその裁判所のように考えられていたとすれば、日本国家内において、いかにわが琉球弧の民が、政治的に貶《おとし》められていたかを示すものにほかならない。政治が言語をも支配する確かな歴史的事実を、そこに垣間見ることができるからである。昔、山之口貘という琉球詩人が、出郷何十年目かに、東京から琉球に帰郷して、すっかり、琉球語が影をひそめている光景をみて、琉球は言葉までも「サッタルバスイ」※と嘆いたことがあったが、言語のありようは、その言語の生きている土地空間の政治的運命と一体であることは、自明の原理である。

今回の琉球共和国の憲法制定にあたって、琉球語を復権させ、日本語とともに、公用語としての地位にまで引きあげたのは、琉球共和国の政治的復権を明瞭に宣言したものにほかならない。

むろん、本条と類似した規定は、非核憲法として有名だった（しかし、非核は後に尻抜け条項のため無実化したが）パラオ非核憲法（草案）第十三条第一項に「伝統的パラオ語を国語とする。パラオ語と英語を公用語とする。パラオ議会が各語の適切な使途について決定する」とあるし、古くは、ベルギー国憲法第二十三条にも「ベルギー国で通用している言語の使用は任意である。官憲の行為および裁判事務についてのみ、法律によって、用語を定めることができる」と規定していた。しかし、これらは、そ

第七条　琉球共和国の連邦国旗は、黒＝赤＝白である。[注釈㈢]

れぞれの国の民族的、地理的多様性に起因する障害を、文化的に統一するために規定されたにすぎず、わが琉球共和国におけるがごとく、自分たちの言葉を政治的対抗概念として明確に認識し、位置づけ、これを実定化したわけではなかった。その意味で、第六条は、一見、なんでもない文化的規定のように見えるが、実は、わが共和国〝前史〟において、〝琉球人〟として、日本国内で差別され、蔑視されたわが共和国民の先祖たちの草葉のかげからの、怨念のこもった鬼気せまる政治的規定たることに、その本質的性格があることを忘れはてはならぬ。

㈢国家を表徴する国旗なるものは、元来、国や支配者のものであり、国旗が民衆のものとなる歴史的端緒は、フランス革命であった。

　十字軍の遠征に起源をもつ国旗なるものは、本来、国家の威力を対外的に示すための反民衆的なものであるにすぎない。しかし、多くの国が、憲法で国旗を定めていることにならって、わが共和国も、これ

第八条　諸国民の平和的共同生活を妨害するおそれのある、あらゆる名目や形態の戦争を準備する一切の行為は、違憲である。注釈㈣　このような行為は処罰されなければならない。

戦争に使う目的またはそれに転用可能の核兵器、化学兵器、ガス・生物兵器の実験、製造、運搬、貯蔵、廃棄を取り決める共和国政府あるいは私人の行為は、共和国人民の絶対無制限の抵抗の対象と

を定めることとなった。黒は、〝無政〟の理想を示し、赤は革命の血、白は琉球弧の兄弟たちのおおらかさを表わす。

㈣第三次世界大戦は、第二次世界大戦唯一の被爆国〝日本〟のアジア大陸への核攻撃によって、その幕が切って落された。日本国はそのころ、「日本国憲法」第九条という立派な戦争放棄、反戦、平和の条文を持っていた。にもかかわらず、歴代の政府は憲法の正文はそのままにして、（つまり、憲法改正という手続をふまずに）法律、政令以下の下位法の制定改正や世論操作によって、憲法体制を無効化する有事即応体制をつくりあげ、日本は、次第に巨大な軍事帝国に成長していった。ステファン・ツヴァイクは、その著作たる『昨日の世界』（Die Welt von Gestern）の中で、「歴史は、同時代人には、彼らの時代を規定している大きなさまざまな動きを、そのほんの始まりのうちには知らせない、というのが、つねに歴史のくつがえし得ぬ鉄則である」と、第二

なる。この抵抗権の発動は神聖なものであって、そこから生ずる一切の行為は、正当行為として、法律や裁判の関与しうるところではない。

次世界大戦の仕掛人の一人であるヒットラーの登場に関連して述べている。（みすず書房、原田義人訳、五三〇頁）

まさに、ツヴァイクが経験したようなことを、第三次大戦前の日本国民も通過することになった。最初遠慮がちだった軍事費がいつの間にか大手をふって年々膨張し、それに比例して、文民政府と防衛省の対立が激化、当初、ぬき足差足だった武官の政治関与が日ましに激しくなり、ついに、自衛隊東部方面総指令だった西条英樹という青年将校に率いられた一団の自衛隊員が、前年施行されたばかりの防諜法違反を理由に、司直の手を借りず、ときの首相中田文吉をピストルで殺害、首相官邸におけるこの一発の銃声で、新聞・放送・言論すべてが、親自衛隊へ傾斜していき、すべての国家権力は、事実上、自衛隊に集中され、ついに、日本国家〝生命〟線〝自衛〟の名目での大陸侵攻が開始された。すでに、中ソ対立の矛盾を解決して、中ソ連合国家を形成していた社会主義国家連合群は、北海道上陸どころか、

第九条　何人も、琉球共和国の人民となり、また琉球共和国から離脱する自由を有する。注釈(五)

アメリカと談合して、直ちに、日本の中枢機構の集中している東京を、ミサイル攻撃、第三次大戦は、その時点で直ちに終った。

本条が戦争準備行為そのものを違憲とし処罰すべきとするのは、右のような歴史を経て、偶然にも「戦争を革命に」転化させ得たわが琉球共和国の困民主義者たちの周到な配慮が生かされている。その非戦と反戦＝平和の決意は、前段の戦争準備行為のほかに、後段の核兵器等の一切の取りきめをする政府や私人の行為が、無制限の抵抗権の対象となるというところにも、よく示されているところである。

(五)本条は、琉球共和国以外の人民が、わが共和国人となること（従来、これを「帰化」と称した）、または、琉球共和国の人民が、わが共和国人たることをやめること（従来、これを「国籍の離脱」と称した）を、すべての人に対し、しかも絶対無制限に保障するものである。すなわち、琉球共和国以外の人民（＝外国人）は、この憲法を承認し、琉球共和国の国家理想を共有する限り、その欲するところにより、何らの資格、条件を要せずに、琉球共和国の人民たる権利を、完全に取得することができ、他方、すでに琉球共和国の人民たる者は、共和国の基本的施策が、おのれの思想と背反し、その他何らかの事情によって、琉球共和国の人民たることをヤーメタと意思表示すれば、この憲法及び共和国の課する国家的義務を免除されることになる。その意味で本条は、琉球共和国が、その人的基礎においても、まさに開かれた国家であることを、おごそかに宣言したものにほかならない。

旧来の民族国家においては、排外思想が強く、従って、外国人の「帰化」は、国家の恣意的ないし恩恵的処分として、種々の制限の下に、許可され、その反面として、「国籍の離脱」も完全には自由とは言えなかった。

外国人に対するかかる偏狭な排外主義思想が、反転して、国内に〝外国〟を作りあげ、差別の対象をふだんに醸成したという差別構造の歴史的円環を閉じるべく、本条は、わが琉球共和国が、文字どおりのインターナショナリズムを旗印とする〝世界国家〟へ向かう過渡的国家であることを、暗黙のうちに、前提するものである。

むろん、土地の歴史、言語、風習など何らかの指標の共通性によって、一体感をもつ単位地域の人びとが、自己権力を無限に下降させ、それをミクロ化してゆくことによって、それぞれの多数の〝無政の郷《コンミューン》〟を創出してゆけば、〝世界国家〟（前文でいう地球連合政府）それ自体も、過渡性をもつ国家にほかならなくなり、結局、それは廃絶の運命をたどるよりほかないことは、自明のはずである。そして、それこそが、わが共和国のみならず、全人類の究極の理想とするところだと言ってよい。

現今の困民主義革命の世界的停滞の最中にあっては、わが琉球共和国は、憲法前文⑤において、みずからを過渡的国家と規定したばかりでなく、人類史の〝無政〟化を遂行する過渡的な〝世界国家〟を、ひとまずめざすという二段階無政論を構築する長征の旅への出立を、いま、はじめたばかりだ。

※サッタルバスイ　「やられちまったのか」の意。
※島ちゃび　島（離島）が宿命的に背負う辛苦の意。伊波普猷がその著書中で多用したことば。

琉球共和国の理念と前提

なぜいま琉球共和国なのか＝〝異化〟主張の状況的必然性

一　「復帰」十年の現実

御出席の皆さまの御尊顔を拝しますと、皆さんヤマトめきたる方たちばかりで、「復帰」以前の、米軍の銃剣とブルドーザーの前に果敢に立ちはだかった、かの容貌魁偉なる琉球人の面影はあまり残っていないようです。

このように、表情豊かだったはずのかつての琉球人の顔つきまでが、管理されてひからびた都会ふうの顔、ノッペラボウの顔に変えられてしまったというのが、「復帰」十年の沖縄の現実ということなのでしょう。

沖縄の現在、われわれの現在というのは、日本国家への統合を求めている体制の立場からすれば、きわめて安定的な時代のなかにあると言えましょう。つまり、沖縄はアメリカ統治下の二七年間にわたって、司法・行政・立法を自力で組織・運営し、いわば擬似ながら沖縄ミニ国家を経営しえてきていたわけです、それが、「復帰」によって、すべての権力は東京に集中され、ミニチュアの国、家機構は日本国家によって解体され、日本国憲法下の地方自治の枠組みのなかへ編成替えされるにいたっています。その過程で現前するにいたったいろいろな問題について、昨日からさきほどまでのこのシンポジウムで、いろいろの方たちが発言されました。とりわけ、公務員労働者の問題や、「復帰」後の教育委員の任命制の施行を経て、いま展開中の主任制の制度化で揺れる教育労働者の状況は、「復帰」後の、タテに系列化され分断社会となってしまっている沖縄社会の苦悩を、象徴的に示すものにほかなりません。均質な日本社会をめざす体制にとって、「復帰」前の沖縄に生棲・培養された非日本的、あるいは反国家的な制度や思想は、ことごとく、〝平定〟されねばなりません。こうした一連の作業のなかで、いま、もっとも矢面に立たされているのが、司法・行政・立法の三権の外に、あるいは上にというべきか、超然と君臨している第四権力たるマスコミ、それに教育の二つだろうと思われます。

というのは、第四権力たるマスコミというものは、本来、体制にとってアンタッチャブルな色彩の強い領域なわけですが、とりわけ沖縄のマスコミ、とくに米軍占領下の沖縄のマスコミは、つねに沖縄の民衆のおかれた歴史的位相を先駆的に予見し、時代時代に対応して、民衆を覚醒させ、それをリードするという役割を一貫して果たしてきました。他方、沖縄の教員組織は、その強大な統一的組織力を頑固に持続させながら、日本復帰運動の牽引車として、戦後沖縄の社会運動のなかで、もっとも巨大なエネルギーを創出しえた戦闘部隊でありました。その歴史的罪業、あるいは功績については、厳密な歴史的検証がなされねばなりませんが、ともかく、この教育とマスコミという二つの領域が、「復帰」十年経てもなお、比較的本土化されていない領域に属するということがいえると思うわけです。

司法・行政・立法の三権の統合はある意味で機械的にやりやすいわけで、制度の一体化を果たせば、獅子身中の虫は一匹一匹丹念につぶしていけばいいわけです。しかし、大人の教育つまり社会の学校であるマスコミと、一〇〇%確実な大人予備軍たる子供の教育と同一視されるほど重要な学校教育くらい、体制にとって手ごわいものはないわけです。この点についての、日本国家の概観的状況については、昨日の中村先生のお話などで十分尽くされていると思いますから、省略させてもらいます。ここでは、さきほど述べた沖縄のマスコミ、特殊沖縄的な先駆性を維持してきたマスコミ各社に注文しておきたいことがあります。とくに、新聞についてですが、権力の側とすれば、ローカル紙を一県一紙体制へもっていったほうが、いざ鎌倉の国民総動員体制のさいに便利なわけです。このことは、太平洋戦争前の新聞のたどった歴史的経過をみれば、はっきりすることだと思います。こうした観点からして、どうも昨今の沖縄の二大県紙の販売競争は目に余るものがあり、私は、これは非常に危険な兆候だと思う。本土流の販拡方法が直輸入され、際限のない〝わが社〟意識のなかからは、マスコミ労働者の真の連帯も生まれません。それが、体制の手のひらの上の暗闘になっては、長期的には体制に操縦されることになるわけです。新聞が私企業であるからには、紙面の内容を通しての、読者の眼による公正な競争は避けようがありませんが、ともかくその限度で、紳士協定みたいなものでも締結して、二紙体制が安定的に継続されるよう、一読者として願わずにはいられません。

二　琉球共和国論の胎動

こういう、ある意味で体制の側にとって安定的な時期に、沖縄の自立論がいろいろなかたちで噴出しています。「新沖縄文学」第四八号が、「琉球共和国へのかけ橋」という題名の特集を組んだことが、先鞭をつけた形となりましたが、このような体制的安定の時代に、なぜいまこの時期に、共和国論、自立論が云々されるのか。一見それは、時代との不一致、状況との齟齬が明白であるかのようです。「復帰」が不確定の状況下の、占領下で、沖縄の未来的な社会像についてのいくつかの選択肢のひとつとして、共和国論が出されておかしくはない。実際にあったかつての琉球独立論は、その当否は別として、そのような文脈のなかで把握することができます。しかし、それはいまでは、もはや手遅れの観があります。つまりぼくらは、いわば〝失われた時を求めて〟――「失われた記憶を求めて」というのは、いまはやりの『吉里吉里人』（井上ひさし、新潮社）の主人公の三文小説家の小説の題名でもあるわけですが――というのが実態といえば実態なんです。

さきほどの討論では、仲吉良新さんが、だいぶ吊るし上げられ、彼のそばに座っていて、私は人間的な憐憫の情に耐えられなかったわけですが、私が、その斬り込み隊長をやったというより、先陣を切った私に皆さんがついておいでになったというにすぎません。（笑い）

ただ、しかしながら、主流的な復帰運動者を批判するばかりでなく、従来あった反復帰論をいってきた連中にしたって、ほめられた話ではありません。つまり、かつてたしかに反復帰の思想と行動はあった。しかしそれは、一体化にたいする体制内的な異議申し立てに終わってしまって、結局のところ、沖縄の自立ないしは共和国構想にまで到達できなかった。反復帰の思想と行動というのは、つまり胎児のままで死んだ。どうしてそうなったのかということを、私たち自身深刻に受けとめなければならないだろうと思います。

さて、体制の側では、「復帰」処理の法的手段として、特別措置法の制定・施行という方法をとっています。特別とは、「復帰」前の米軍統治下の沖縄の旧慣を期限つきで温存し、日本の一般法と整合的にリンクさせることを言い換えたにすぎません。日本国家にとっては、それは特別かもしれませんが、沖縄の二七年の戦後史にとっては、それが構造化され一般化された常態にほかならなかったわけですから、特別の措置でもなんでもないわけです。さらにいえば、もしそれが、日本の一般法に変容を強いる特別法、沖縄というひとつの地方公共団体のみに適用される特別法ならば、当然に、日本国憲法第九五条にもとづいて、特別の住民投票にかけねばならないはずです。事実、私は、「復帰」による日本国憲法への包摂過程で、いろいろの分野、とくに住民に不利益をもたらすような類の旧慣の温存については、住民投票にかけろと十何年も前から主張していたのです。ところが、これに呼応する労働者組織や知識人、大学教授といったものは本土を含めて皆無でした。ようやく、昨日の本シンポジウムの講演で、長野大学の中村先生がそのことを指摘され、ほっといたしましたが、このことは、自己宣伝になりますが、私の『沖縄少数派』（三一書房）という本のなかにも出てくるはずです。

中村先生は、沖縄の特別措置法が憲法第九五条の手続き的洗礼を受けず、一種の国家緊急権の発動みたいなかたちで処理されたことが、それ以後の国家行為にも尾を引いて、前例的に利用される危険について語られたのだと思います。

ともかく、国家権力の側では、かなり巧妙なかたちで、いま沖縄社会に揺さぶりをかけているわけです。たとえば、「復帰」でたくさんの役人が沖縄に来たわけですが、彼らと従来のアメリカ統治下の琉球政府時代からの役人との陰湿な葛藤は、かなりのものがあろうと思われます。というのは、琉球政府時代の公務員の気風には、かなりアメリカナイズされた、自由なところがあり、午後五時以後の飲み屋にまで役職の位階がついてまわる日本的労働慣行とは、かなり違うところがあったからです。そんなところへ、本土でちょっと出世した沖縄出身の役人を沖縄にポンともってくる。そして沖縄人どうしやり合わせる。そういう人事をやること自体の意味を、マスコミがあまりまともに取り上げず、むしろ持ち上げたような人物紹介をしているわけです。

要するに、このように、「復帰」すなわち日本国家による沖縄統合の過程は、あらゆる面、あらゆるかたちで進んでおり、本シンポジウム自体が、本土サイドでとり行なわれているというのは、皮肉な話だといえます。このような、今日の沖縄にとって、きわめてヴァイタルな問題についての本シンポジウムのようなものが、民間有志の団体と個人の情熱のみに負い、他の種類の、民俗や歴史のシンポジウムのようには、新聞社などマスコミの共催・応援が得られないという現実が、ひとつあるわけです。

そのような現実のなかで、「新沖縄文学」の「共和国へのかけ橋」特集が出され、いちおうおさまりかかっていた日本の沖縄論議に、新たな一石を投じたかたちとなり、これを契機に本シンポジウムももたれたのだと思うわけです。

そういう体制的には安定期、非あるいは反体制つまり「革新」の勢力が、予見されたとおり県政レベルをはじめ次々に倒れてゆき、労働者組織や政党組織までが、中央志向、系列下に雪崩を打っているという状況、まさにそういうときに、共和国、あるいは共和社会の発想が出てきたわけです。これをたんなるユートピア論ないしはひまな知識人の観念の遊戯、知的マスターベーションというふうに常識人はお笑いになるかもしれません。こういう試みなり発想なりになんらかの現実的な根拠があるのか、少なくとも、そういう現実的な根拠が問われてくることになる。つまり、いま必要なことは、反CTS闘争※とか、さきほどから討論で出されているシマおこし運動とか、そういう個別具体的な闘争なり課題なりに、まず積極的に取り組むことが大切だという立場からすれば、琉球共和国論等の発想なり提起なりには、時代錯誤的な遊びの要素が、否定しがたく目に映ることになります。

しかし、考えてみると、その「現実的な根拠」というのが、そもそも必要なのか。現実的というのを、可能性という意味で等置すると、はじめから可能性にみちた社会運動なり歴史行動というのはありうるはずはない。まったく可能性のないようなゼロからの出発が、徐々に個々の民衆を動かし、それがだんだん大きなうねりとなって時代の巨大な動脈となり、歴史のエネルギーを創出していく。たとえば、かの復帰運動の歴史的な過程が、そのような軌跡を具体的に示していると考えます。戦後、復帰運動が燃え立ち始めるころ、誰もそれがいつの日にか実現可能のものと考えたはずはなく、国際情勢とのからみで、それは、望みのない、つまり、おそらく日本復帰は不可能だという前提のもとで、多くの民衆は、ただ焦土と化した沖縄から、はるかむこうの本土日本に、ナショナリスティックなアコガレのまなざしを向けていたにすぎないに相違ありません。要するに、現実的な根拠＝可能性があって復帰運動は始められたわけではないわけです。

現実が混沌のなかにあり、民衆総体のエネルギーが拡散され、「復帰」によって歴史的目標を喪失してしまったいまだからこそ、観念的なものが、まさに求められているのではないのか。そういう時代だからこそ、もっとも観念的なものが物質力をもつのだということを、皆で確認し合う必要があるのではないでしょうか。物取りのためのいろいろの構想を、体制補完的なたんなる政策論の延長線上でやるのではなく、もっと理念に立脚した、本当の観念論を、現実的な思想論、政治政策論として県民におろすことです。

さきほどの「特別県制」をめぐる討論では、沖縄が日本の国内植民地的な状況にあるといわれました。沖縄の経済構造、社会構造なり法律構造を前提にした場合、国内植民地としての概念規定が、厳密に学問的にいって正しいのか否かは別として、日本国家の現実は、改憲、軍備、教育制度改編（現実的には教科書問題）をめぐってシビアな状況展開をしている。こういう状況認識を踏まえて、沖縄自立の経済的条件と政治的切り札となりうるものは何であるのか、という核心的問題を全県民的規模で模索する必要があるということなのです。「吉里吉里国」みたいにうまくはいかないと思うわけです。

以上、なぜいま、琉球共和国とか琉球共和社会構想というような、沖縄の側から〝異化〟の主張が出てきたのかという状況的な必然性について、討議を深めて欲しいというのが、私の提起したい第一点です。

琉球共和国と国家論＝「国家」の本質

琉球共和国とか共和社会とかを構想する場合、どうしても、国家とは何かという前提的理念、国家論をいちおうフォローすることが不可欠になります。

国家とは、経済・政治・法律・社会・倫理・思想・哲学などいろいろな視角から、いろいろな世界観やイデオロギーによって、多様に説明され解釈されてきたことに間違いはありません。しかし、少なくとも、領土と国民（人民）、それに統治権（主権）という三つを国家の基本的な構成要素とすることに異論はなかろうと思われます。

新字体の「国」という字が示すように、四角のワクの真中に玉が鎮座している。この玉、つまり主権者は、時に君主であり、人民であり、いろいろ時代と状況によって変遷するわけですが、琉球共和国を構想する場合にも、このワクと玉、つまり領土と国民、それに主権という国家の基本的な構成要素を抜きに考えることはできません。どのような国家、あるいは非国家、反国家の国家構想（概念矛盾のようですが）を立てるにしても、このことは同様だと思います。

一　琉球共和国の領土と「琉球弧」

領土なき国家というのは、ありえないことであります。この点、さきほどの「新沖縄文学」第四八号の特集で出されている「琉球共和社会憲法C私（試）案」と「琉球共和国憲法F私（試）案（部分）」の二つの草案とも、奄美、沖縄、宮古、八重山を単位として、四州を設けています。この場合、F案の注釈で触れているように、この四州に区分することで、まったく問題が解決するわけではない。その各州間はもとより、それぞれの州内においてさえもまた、地域的な確執、内なる差別構造、島民性の違いという問題は、全社会の遺物、遺制として残存すると考えなければならない。つまり、「琉球弧」を形成する島々の内なる差別の構造、差別意識の存在を、どうとらえ解決していくのか。これを抜きにしては、「琉球弧」をもって、琉球共和国ないし共和社会の領土と等置できるはずはないわけです。

差別というのは、われわれの同化思想、つまり、なにか価値的な中心点なり中心軸に、自分の方が、より近いんだという発想から出てくる問題なのでしょう。たとえば、地理的に東京を中心と考えれば、静岡の人間は、鹿児島の人間を田舎者というでしょうし、鹿児島の人間は、沖縄の人にたいすれば、当然差別意識をもってきたというのが、歴史の経過なのですから……。

ところで、沖縄のなかにあるといわれてきたそのような内なる差別という問題について、これまであまり公然とキチッと問題にし、取り上げてこなかったというのが、私たち沖縄の人間どうしのありかた、やさしさというか、なにか臭いものに蓋というようなところがあります。この点、外部の人間、たとえば谷川健一さんが、「沖縄学は、沖縄本島と先島をへだてる問題のひとつ、たとえば宮古人がなぜ差別され続けてきたかを、歴史的に解き明かそうという試みをしていない。宮古の人にたいして、沖縄本島では結婚さえためらったというその動機を学問的に明らかにしようとはしていない」（叢書『わが沖縄』木耳社）と嘆いていますね。

その差別の存在ということですが、はたして言われているように、広範なかたちで、沖縄のなかに、そのような差別意識がなお存在しているのか。私の意識経験では、大学を出て就職をするまでは、まったく、先島や離島への差別意識はもっていなかった。もたされていなかった。それまで、親、兄弟、周囲からもそのような話を聞いたこともなかったわけです。同じ部落にも、確か、友利《トモリ》という姓の宮古の人がいましたが、その人が差別を受けたという話も全然聞いたことがない。とすると、差別意識や差別構造は、ほんとうにあるのかという疑問を、私はもっている。少なくとも、いまの四〇歳以下の人びとのなかには、それはないのではないかという、ひとつの楽観もまた、もっているわけです。

琉球共和国の領土の問題を考える場合、おもしろいことがあります。平恒次先生は、「新沖縄文学」第四八号の論文「新しい世界観における琉球共和国」のなかで、琉球弧に琉球共和国をつくり、そのほかに琉球精神共同体あるいは琉球精神共和国みたいなものをつくるのだという図式を定式化されています。そして、さきほどのF案の第二条も、「琉球弧を形成する諸島嶼をもって、琉球共和国の可視的領土とし、ニライカナイの地をもって精神的領土とする」としています。また、井上ひさしの例の『吉里吉里人』にも、「飛地国家」という概念が登場します（第一八章五七三頁）。

この三者の考えは、厳密には異なるでしょうが、発想には共通するものがあります。

平先生の論文とF案は、同じ号の「新沖縄文学」、井上ひさしの『吉里吉里人』は、その「新沖縄文学」に遅れること二ヵ月足らずとはいえ、ほとんど同時に出版されていると言ってよいでしょう。そうすると、それらが相互に影響を及ぼし合うということはありえないわけです。それにもかかわらず、期せずして一致した発想をとっていることになり、さきほどおもしろいといったのは、このことですが、その発想には、すると、一定の正しさが含まれていると考えられます。つまり、可視的な列島共和国のほかにインヴィジブルな、不可視の人的＝精神的共和国が、領土の外に広がり、ヴィジブルな共和国を包み込み、抱擁する。ただ、この二つにして一つの共和国がどう架橋されるのか、そのための国家の組織論なり法制度論（いや、そもそも、そのようなノルム〈Norm〉が必要なのかを含めて）、そのあたりの論理が、そのさいとても重要な問題となりそうです。この点は、平先生の論文のなかでも、明確には説かれていないようです。平先生みたいに、アメリカでご活躍されながら、なお沖縄のことを考え、沖縄自立のありようを考えるという人間は、非常に稀有なことではないでしょうか。普通だと、たとえば、沖縄の人間というのは、ちょっと出世しても、東京あたりで出身地を隠しながらウジウジ生きているという場合が多いのではないのか。もっともちょっとの域を出て、大きな出世となれば、オキナワというマイナス・シンボルをむしろ逆用して、「おいらは沖縄だが」と、プラス・シンボルに転化させてしまうので問題はないだろうが、普通の場合は、隠れキリシタンの心情で、「沖縄からの逃走」に懸命になるのが、現実ではないのか。そういうところを突破する共和国の精神的誇り、組織的論理を探ることが、なにより必要となるであろうと思います。

二　琉球共和国の主権（統治権の源泉）――その経済的・社会的基礎

次に共和国の主権、つまり統治権の源泉という問題を考えてみますと、そもそも主権概念というのは、絶対君主制確立期の歴史的政治的イデオロギーにほかなりませんが、共和国の主権のありかたは、共和国の経済的社会的基礎を何に求めるかということと分かちがたく結びついている問題であるわけです。すなわち、私的所有権・取引の自由を根幹とする資本主義でも、社会主義的所有の制度を基盤とする社会主義でもない、いわゆる沖縄的社会主義像とはいかなるものであるべきなのか。沖縄の未来社会のイメージをどのように結像させるかによって、琉球共和国ないし共和社会の様相は規定されていくだろう。そのさい、一番大きな問題は、かりに社会主義的な基礎をもつ社会を構想するにせよ、あるいは、さきのF案のように究極の国家目標を世界政府の形成に置くとしても、琉球共和国ないし共和社会の社会主義的基礎を、島々のムラ社会＝村落共同体にその基盤を求めうるかどうかという問題がひとつあるだろうと思います。この点について、川満信一氏がどこかで肯定的な表現で書かれていたように記憶していますが、沖縄的共同体というものが、現時点でどのようなかたちで残存し、展開しているのか、その実態論、変容の問題の考察は、欠かすことのできない課題だと思います。「共同体」概念は、説く者によって帰一するところがありませんし、概念の不明確さを承知であえてその言葉を使うのであれば、単純に、生産と生活の場における強固な集団的結合という程度に考えておけば足りると思います。ここで、マルクスやマックス・ヴェーバーや大塚久雄や誰やかやを持ち出してもしようがない。その意味で、「共同体」の厳密な概念規定を問わないということで、その沖縄的なムラ＝村落共同体、具体的に言えば、家族を単位とする集落結合について考えてみますと、その基本的特徴も、連帯性と相互扶助という共同体の一般的特色として要約できると思います。

とはいえ、現実具体的に、その連帯性と相互扶助という特色は、沖縄的な共同体のなかで、どのように変容しているのか。いろいろな見方が出てくると思いますが、カギカッコ付きの近代というのを呪詛するのあまり、この沖縄的な共同体をあまりに美化しすぎる風潮がありはしないか。この点が気になるところです。

では、沖縄的なムラ＝村落共同体は、「復帰」後十年も経て、どのようなかたちに変容しているのか。私の見方では、共同体成員間の連帯性と相互扶助の精神は消失し、相互不信と「近代」的な権利主張で特色づけられた共同体の崩壊が、確実に進行しているということです。たとえば、かつて、沖縄の各村落、ムラ共同体のなかには、ウシナー（牛場＝闘牛場）、アシビナー（遊び場）などというムラの共有地、ムラヤー（村家＝ムラの集会所）、カミヤー（神家＝ムラの礼拝所）などというムラの共有建物、それに各門中所有の門中地（ムンチュウジー）というのがありました。これらは、ムラ共同体の総有、つまり、少なくとも、ムラ共同体の各構成員の近代的な単独所有とは切り離された、前近代的な所有形態をとっていました。ところが、それらの土地等が、近代的な私的所有の対象として、近代の権利関係のなかに巻き込まれ、これをめぐる紛争が、「復帰」後、目立っているように思います。部落の共有地など前近代的な所有形態が、近代的な所有の形として争われている。現に、沖縄の門中の法律的性格、つまり、それが民法学でいう「権利能力なき社団」にあたるかどうかで、最高裁判所でまで争われ、昭和五十五年初頭に判決がでましたが、その裁判の社会的背景はそのようなものだと思います。この会場に出席しておられる金城睦弁護士の関わった事件ですので、多く語りませんが、本来アンタッチャブルな部落共有地が、私的紛争として裁判にまでもちこまれること自体、社会的に深い意味があると見ないといけないわけです。

また、もうひとつの例で言えば、「女とトートーメー（位牌）問題」というのがありました。沖縄では、トートーメー（位牌）は祖先の祭祀承継者が保管管理するもので、トートーメー持ち即祭祀承継者即相続人という社会的慣習がある。昨今の沖縄のマスコミの、「女でもトートーメーは継げる」というキャンペーンや論調は、もっぱら男女平等の観点からのものでしたが、財産が関係せずに祭祀承継の争いになることは、まずありえない。諸子均分相続を定めた新民法の施行は、沖縄の場合、昭和三十二年です。旧民法的な長男子単独相続制から移行して、たかだか二五年ですから、まだまだ旧民法的相続思想が残存しているわけです。だが、近年では、長男だけでブン取っていた相続財産＝遺産を、二男、三男や姉妹も主張するようになる。トートーメーは女でも継げるという問題の裏に、美しき共同体の崩壊を見るのが、科学としての法律学というものでしょう。

もうひとつの例があります。「復帰」後、軍用地料が、従前の一〇倍以上に引き上げられました。沖縄基地の維持コストとしては、日本国家にとってなんでもないことですが、それが同時に惰民化政策としても機能しているわけです。かつまた、そのおかげで、相続をめぐって紛争が多く発生することになる。つまり、以前だと長男が単独で遺産相続しても、他の兄弟姉妹は黙っていた。ところが、高額の軍用地料が現金として入ってくるようになると、ジーグアーバーケー（小さな土地でも争う）になってしまう。これまた、ひとつの血縁共同体の崩壊、「近代」の体現者たる国家によって強いられている共同体崩壊の例でしょう。

最後に、もうひとつの例ですが、マイホーム作りが進んでいくと、本部落の近くの田畑が農地転用され宅地化され、よそ者が従来のムラ社会の領域内に定住するようになる。するとそこにまた、ひとつの問題が生ずる。読谷村――ここは近年、文化村として行政、自治のイメージ・アップの進んだ自治体だと思いますが――そこでの例ですが、ある部落でなにか行事をして、子供に紅白の饅頭をあげるさいにも、よそ者の子供たちは、「その他組」というように名づけて、饅頭をあげないというのを聞いたことがあります。また「復帰」したので、小禄も日本であることは間違いありませんが、その小禄で、宇治川とか藤木とか、一見本土ふうの名前を聞いただけで公民館を貸してくれないという話も聞きました。こうした地域に共通しているのは、いずれも軍用地料が多く入るところだということです。おそらく、本来共有地たる軍用地について、共有持分権のない新参者には利益を分けないという発想、つまり閉鎖性のあらわれだと思いますが、このような共同体のひとつのマイナス面をどうとらえるのか。沖縄的共同体の実態を明確にする過程で、重要な問題だと思います。

沖縄社会主義の模索——主体形成の問題

さて、沖縄的共同体の現状認識を踏まえて、沖縄的な社会主義はどのようなものとして構想されるべきか。結論的に言って、それはモデルなき自前の社会主義でなければならないと思います。つまり、既成既存の社会主義の先例とイデオロギーは、すべて破産しきった、という前提的認識に立って、沖縄人の悠久の気質と文化、伝統に根差した、まったく新しい、自前の生産関係＝生産構造を探究する必要があるのではないのか。そのような試みが、組織的かつ多様になされなければ、沖縄が、かりに歴史的偶然によって日本国家から自立するときがあっても、自立後に、沖縄の島々の内なる神々の闘争によって、琉球共和国はたちどころに内部崩壊するであろうことは、目に見えたことです。その内部崩壊を防ぎうるのは、いま言ったようなきちんとした理念をもった指導部、つまり執行委員会が存在するのでなければならない。つまり、主体形成の問題が重要となります。平恒次先生流に言えば、琉球教の教祖団をいかに形成するかという問題です。そのさい、復帰思想によって呪縛され続けた、これまでの沖縄の政治指導部や復帰思想に手を貸し、その提燈持ちをやった連中、仲吉良新氏を含めていわゆる現体制の多数派たる復帰派は根底的にダメだ、というところから出発すべきです。そういう意味で、未来の沖縄社会の多数派形成のための教唆団＝教祖団は、歴史的に長い時間をかけて生成、発展されなければならない。現在の、いわゆる沖縄少数派は沖縄の未来社会において、まさに復権しなければならない。本シンポジウム自体の意義というのも、まさしくその教祖団の一粒ほどの萌芽でも創り出すことにあるのではないのか、と私はかってに夢想して、勉強させてもらうため報告にまいった次第です。ご清聴にたいし、心から感謝申し上げます。

どうもありがとうございました。

（注）一九八一年十一月二十日から二日間にわたって、那覇市内の自治会館で開かれた「復帰一〇年――沖縄自立の構想を探る」シンポジウムの二日目に、筆者が「琉球共和国の理念と構想」のテーマで問題提起・報告した講演録。自治労本部副委員長仲吉良新氏の「自治労・特別県制の背景と構想」の報告とともにシンポジウム参加者がこれらをもとに討議した。

※反CTS闘争　一九七二年、屋良革新県政が産業振興・雇用拡大の名目で、沖縄三菱開発株式会社に沖縄本島中部の金武《きん》湾内の離島・平安座島と宮城島間の六二万坪の公有水面埋立免許を与え、そこにCTS（石油備蓄基地）が建設されることにたいし、民間の反対組織である「金武湾を守る会」を中心に知識人などが支援して戦われた反石油基地・反公害闘争。現在すでに本島とその離島を結ぶ海中道路もでき、CTSは操業中である。

立ち枯れた沖縄独立共和国の夢——沖縄民主同盟

一　断頭台上に釘づけされた民主同盟＝沖縄独立論

苛酷な沖縄戦によって、廃墟と混乱のさなかにあった戦後の早い一時期、戦後沖縄の現実政治と鋭く切り結びながら、他方、同時に、先駆者的な使命感をもって沖縄の未来構想を探り、沖縄独立の「夢」を真摯に語りつつ、歴史の暗い闇のなかに、一瞬の光芒を放って、消え去ろうとしている男たちがいる。

戦後初の政党といわれている、沖縄民主同盟に結集した、その一群の男たちのドラマは、未完のままいまなお、沖縄の否定的な現実を突き刺す遺恨の「黙示録」となって、沖縄民衆の心の底の暗部に、隠微なかたちで息づいている。

「一九四七年の夏だったか、民政府スタッフ以外の在野のいわゆる『有名人』は民主同盟に入っていた。民政府を批判する当時の沖縄では、唯一の政党らしい存在だったために趣旨賛同者が得やすかったのであろう」（平良辰雄著『戦後の政界裏面史——平良辰雄回顧録』南報社、一八頁）という事情などによって、民主同盟は、戦後沖縄のその後の政治、経済、教育など、各界で活躍することとなる多種多様な人間群像の貯水池たる様相を呈している。当時の沖縄社会における体制—内—的状況変革者としての相貌をもって出発した彼らの思想と行動は、戦後沖縄の政治思想史上、瞠目すべきひとつの到達点をそれなりに示していると考えられる。

だが、復帰運動と復帰思想を疑うべからざる自明の前提としている沖縄多数派の「正統」的な沖縄現代史のなかでは、すでにして彼らは、永遠の断頭台上に釘づけされたまま、やがて消えゆく歴史の風雪にさらされたままである。つまり復帰主義者の高慢と偏見によって無視されるか、政治＝党派主義的裁断によってその積極的な思想性をも含めて、彼らの風貌には、時代の鬼子としてのマイナス・シンボルがまるごと決定的に刻印されてしまっている。しかしながら沖縄が、たぎり落ちる悔恨の涙で、「復帰」の現実に立ち会わされている現在、彼らの軌跡を解明する作業は、「死児の齢を数える感」（大田昌秀著『沖縄人とは何か』グリーンライフ、一〇六頁）といった退嬰的な骨董趣味をはるかに超えた思想的意味をもつことは、疑うことができない。その作業のなかに、復帰思想に自縛され「国家」に囲い込まれていった戦後沖縄の民衆敗北の原点を探りあてる契機が潜んでいるかもしれないからである。

とはいえ、結党当時の関係者の多くが、あるいは死亡しあるいは第一線をしりぞき、あるいは沈黙しているとしても、なお一方では、現役でバリバリ活動している者も少なくない状況にあっては、民主同盟への照射がその後の各人のそれぞれの政治遍歴のありようを反射的に浮かび上がらせる場合もあることなど、新資料の出現を妨げる要因が多い。そのため、政治結社としての民主同盟の全体像を明らかにすることは、著しい困難を伴っている。まして、その場合不可欠な前段作業となる民主同盟構成メンバー個々人の、組織内における人間的葛藤の力学的分析は、いまのところ、ほとんど不可能に近い。そして彼らとともにあった、敗戦から数年しかたたない当時の沖縄民衆の具体的ありようとその意識を明らかにする基礎的作業も、そのさい、重い課題として背負わねばならないことは必至である。

そうすると、散在していると思われる多量の資料を蒐集し、かつ多数の証言を聞き書きする共同作業による以外、民主同盟の歴史の真実を全的に彫琢することはできないであろう。したがって、わたしは、いまここで、限られた資料にもとづいて歴史「学」小僧よろしく、彼らの思想と行動を科学的に跡づけるふうの、見てきたような嘘をひとつの断定文に仕立てあげ、わたしなりの歴史的評価を下そうとは思わない。いまわたしが目にしえている資料の範囲で、特殊的にわたしの心を動かす事実を呈示し、さらに、いかなる状況の論理に引きずられて、彼らが挫折し敗北し歴史の地平線の彼方に沈んでいったのか。そしてさらに、彼らのそうした道行きの全体こそが、もしかして、現在および将来における沖縄の少数派的政治＝思想の悲劇的運命を、歴史のうえで予告的に演じ切って見せたひとつの思想的実験の構図にほかならないのではないのか。そうしたことが、わたしのさしあたりの序論的問題関心のありかたである。言いかえれば、手垢にまみれた政治主義的断罪によって、「買弁イデオロギー」とくくられてしまいがちな彼らの沖縄独立論の思想の核は、真正な沖縄自立論つまり、「復帰」後の今日と明日の沖縄の最尖端的思想課題である沖縄自立の思想的系譜のなかに、正しく位置づけられねばならないということにほかならない。敗者の伝説を洗い出す足下に、沖縄自立を展望するひとつの思想的鉱脈が横たわっているかもしれないからだ。

二　独立論から復帰論への転轍のダイナミズム

一九四五年四月、沖縄上陸まもないアメリカ軍は、読谷山村に海軍軍政府を設立、布告第一号（ニミッツ布告）で「南西諸島および其近海並びに其の居住民にたいする日本帝国政府のすべての行政権の行使を停止」することになった。

かくて、沖縄は、悪夢のような大日本帝国の支配から離脱した状態におかれた。同年八月には、いち早くアメリカ軍は、軍政府の協力機関として、沖縄諮詢会を設立し、「つづいて同年九月には諮詢会に地方行政緊急措置要項（仲宗根源和著『沖縄から琉球へ――米軍政混乱期の政治事件史』月刊沖縄社、巻末資料編では要綱となっている――筆者注）を作成させて全島十二市で市会議員と市長の選挙を行なった。これにより米軍の沖縄占領からだいたい三ヵ月後には、軍政府―諮詢会―住民の形であらわされる統治構造が、なんとかでき上がった」（『沖縄の証言』沖縄タイムス、一〇三頁、傍点筆者）のである。諮詢会は、翌四六年四月には、沖縄民政府に発展し、戦後沖縄の政治世界もアナーキーな政治的真空状態を脱して、スタティックな政治人脈が秩序的に形成されていく。

ところが、こうした政治人脈につながり、「統治構造」のなかへ各地の避難村から入ってきた人びとの多くは、すでに戦争前の旧秩序《アンシャンレジーム》、すなわちヤマト世において「立身出世」をはたし終えていた教育関係者や警察関係者、役人や県会議員であり、なんらかのかたちで、戦争に加担協力した「有名人」であった。（戦後、彼らの多くは、戦争体験を内省せず、なんらの戦争責任をも問われることなく、アメリカの植民地的沖縄支配体制の内側に入り込み、スンナリ生き残っていく。うるわしき日本への甘い思い出をもちえた彼らの戦後支配秩序での指導性の回復は、戦後沖縄の政治的社会的性格を大きく規定することになった。こうして、日本への救済願望をかけた復帰思想の人的培養基は、すでにして構造的に準備されていたのである。）

そうした事情をおさえれば、「沖縄民政府は、いわば単なる人のつながりみたいなもので、何とか生命をつないでいたような感じだった。私が、以前にすすめられても、民政府入りをしなかった理由の一つはその辺にもあった」（平良辰雄著、前掲書、四五頁）という回顧は、率直に受けとってよいであろう。

一方、「逆光線の／背後から追い立てる／アメリカ兵を／気にしながら／豚のように歩く」（牧港篤三詩・儀間比呂志版画『沖縄の悲哭』集英社、四四頁）民衆、いくさば（戦場）の地獄をかろうじて這いくぐり捕虜収容所、そして変わりはてたわが村わが家に落ちのびた民衆の精神風景を彩ったのは、えも言われぬ自由感、国家や権威や、その他もろもろの呪縛から解き放たれた、心地好い真空意識とでも言うべきものであったに相違ない。そこには、「日本」や日本「国家」にたいする陽気な期待感も、気重な疎外感もともになく、原始的な自然状態のなかで、民衆は、生きていることの心底からの喜びを、ものみな崩れゆく崩壊感覚のなかで実感していたであろう。

明らかに民衆は、「母なる祖国」というような甘ったれの国家幻想とは無縁の地点に立っていた。つまり、戦後初期の民衆意識のなかには、沖縄自立の精神が、吹き上げた地下水のように横溢していたことは、ほとんど自明なことと言ってよい。要するに、「沖縄自立＝独立論」こそが、当時における正統かつ多数派的な沖縄の思想にほかならなかった。そのことの歴史的立証はそれほど困難なことではない。そして戦後初期に支配的な自立思想の誕生を表現したひとつの政治的結晶が、まさに沖縄民主同盟そのものであった。

だが、言うまでもなく、戦後初期の沖縄自立の思想は、沖縄戦後史のなかを主流のまま突き進んだのではなかった。それはいつしか、沖縄の未来イメージを欠如させたやみくもな日本復帰論に挾撃され立ち枯れていく。その時点においてすでに、戦後沖縄の民衆運動の敗北が、ほほ決定的に告知されてしまったと言ってよい。

しかしながら、このように、「沖縄独立論」が「日本復帰論」に転轍されてゆく社会史的ダイナミズムを明らかにする試みは、これまでのところ、ほとんどなされていない。むしろ、個人であれ政党組織であれ、当初なんらかのかたちでの沖縄自立論者であった者たちは、その前科（!?）を縫合・隠蔽し、「はじめに復帰論ありき」という体の詐術の体系のなかに身を隠し口をぬぐって恥じないというのが実相である。

限られた資料によってであれ、沖縄独立論の主張者としての沖縄民主同盟の生成、発展、消滅の過程を検証することは、独立論から復帰論への転轍のダイナミズムを解き明かすための、ひとつの重要な手がかりを与えることになるであろう。戦後沖縄の民主化など多様な政治的主張をかかげた民主同盟を、いまここで「独立論」にしぼって素描しようとするわたしのモチーフはそこにある。

三　沖縄民主同盟の生成

一九八二年三月十五日から「沖縄戦後秘史シリーズ」と銘打つ企画の一環として、「琉球新報」に連載された山城善光氏の「荒野の火」には、まさに民主同盟結成の牽引車となった当事者自身によって同盟結成の歴史的経緯が仔細に跡づけられており、新しく公開された資料として貴重なものである。このほか、今回わたしは、未公開と思われる資料を含む数点の資料を入手できた。既存既知の資料のほかに、民主同盟に関する今回の新しい資料をあわせ検討してみると、自立した沖縄社会を構想した彼らの〝見果てぬ夢〟の質と量が、いかなるレベルのものであったのか、その甘さと限界、彼らが何のため、だれの意志を表現したのか、したがって、分離・独立へ向かうべきはずの沖縄の時代状況のもとで、その民衆の願望を終局的に統合できず、彼らの思想と行動が歴史の主役たる地位からすべり落ちる歴史の構造が、おぼろげながら析出できるような気がする。

沖縄民主同盟の中心的イデオローグとして、また精力的な組織者（結成当初は事務局長、のちに委員長）として活躍した仲宗根源和氏は、前掲『沖縄から琉球へ』のなかで、「(同氏が戦後にとってきた基本的立場・考え方に) 一致共鳴する人々が集まって志喜屋政府に対する批判者の役割を果した。それは民主同盟という政治結社の形をとっていたけれども、実質的には政治啓蒙運動であり、官治主義に対する自由民権の運動であった。此の運動は沖縄に帰還した人々 (日本及び南洋方面から) の参加により活発化した。大城善英、照屋規太郎、山城善光、上原信雄、添石良恒、桑江朝幸、中山一等の諸君は此の運動の中心をなす活動分子であった」(同書、二三二頁) と述べている。

その山城善光氏は、一九四六年十二月一日、本土から帰還した (「荒野の火」1)。氏は、戦前すでに大宜味村政革新運動および消費組合運動、そして日本共産主義者団事件に連座した社会運動家である。灰燼の戦後沖縄の姿に衝撃を受けた氏は、若き日の「山原の火」の心をよみがえらせ、いち早く社会的活動を再開する。

当時、民政府批判が強かったなかで、山城氏らを中心に在野の人びとが急速に糾合されていく。

その政治的結実が一九四七年五月五日、知念高等学校講堂に三〇〇名の全島代表を集めて開催された「沖縄建設懇談会」であった。「荒野の火」⑽によれば、その趣意書および発起人は次のようであったという。

沖縄建設懇談会趣意書

戦争終結後軍政府当局及び民政府当局が、沖縄建設の為其の蘊蓄を傾け盡瘁された事に対し、吾々島民は感謝に堪えない次第であります。然るに熟々沖縄の現状を凝視します時、民心は五里霧中まことに混沌として、未だに虚脱の域を脱し切れず、その帰趨に迷い、道義的には頽廃の一途を辿りつつありまして、文字通り憂慮すべき事態に立ち到って居る様に思われます。之は今次世界大戦において、精神的に物質的に、最大多数の最大犠牲を蒙って来た処に基因する無理からぬ事でありましょうか。しかし吾が郷土の有史以来嘗て見ざる道義の頽廃、経済の混乱は、吾々の断じて黙過し得ざる事であります。

抑々荒廃し切ったこの沖縄の建設は、吾々に負荷された歴史的大事業でありまして、申すまでもなくその前途には幾多の苦難が横たわって居るのであります。この苦難を乗り切る事は、官も無く民も無い處の軍に呼應する官民を打って一丸とする総起ち上がりの力のみがよくする處であります。茲において吾々は相寄り相諮り、その淵源する処を究明し、以て或いは陳情し、或いは建策すると共に、民の建設的意欲を旺盛ならしめるの契機たらしめんとして居るのであります。

凡そ人心交替の根本は正しい世論によるものでありまして、之は人に光明と希望と自由とを喚起し、新展開を迫るものであります。茲に局面展開を図る本懇談会を通じ、新沖縄建設に挺身せんとする同志諸君の賛同を願うと共に、奮起を促す次第であります。

一九四七年四月二十三日

沖縄建設懇談会発起人(イロハ順) 伊中皓　南風原朝保　桃原茂太　富山徳潤　当間重剛　当山寛光(遠山謙) 与儀喜宣　平良辰雄　平良助次郎　嘉数昇　仲宗根源和　仲里朝章　具志堅興雄(真喜志) 桑江朝幸　山田真山　山城善光　真栄城守行　真栄城守仁(前川) 金城田助　宮里栄輝　宮城友信　比嘉信光　瀬長亀次郎

懇談会のテーマは、(一) 民意を代表する機関設置問題、(二) 道義昂揚問題、(三) 生活安定問題等を中心とするものであった。

それぞれのテーマについて、出席者が活発に論議しあったが、(二) に関連してなされた仲宗根源和氏の次の発言が注目される。

現在の青年層に希望が与えられてないから道義心が頽廃しているのだとの点はもっともだ。闇の中で道義昂揚を云々したところで求められるものではないが、しかし前に光がある希望は自らわいてくるものである。青年に接する時は沖縄に希望が持てる点を語ることである。すなわち沖縄は民主共和国になるのだと叫ぶ時、彼等は雀躍するのだ。沖縄はこのまま放置すれば米国一国による信託統治になる。信託統治は将来独立を約束されているのであるが、沖縄は元々独立国家であったのであるから、われわれは独立するんだとの意気で行きたい。そして米国とも親善関係を結び、ひいては国際連合にも加入するのである。今日かくの如くになったその根本的原因の一つは、食物がないということである。ゆえに将来、世界と親善関係を結んで南方諸地域にも進出し、次々と新しい土地を開拓して、沖縄移民をどしどし送って行けば、沖縄は健全に確立されて行くのである。もし沖縄が信託統治になるにしても、信託の年間をわれわれの手で縮めることができる。それはわれわれが自主的に政治をとることができるか否かによって決まる。アメリカは宿を借りているだけに過ぎない。

(「荒野の火」⒂——傍点は筆者)

この発言について、山城氏が次のようにコメントしていることは重視すべきだと思う。つまり、氏によれば、仲宗根源和氏の独立論の公的表明が早くもこの日になされたということになるからである。ただし、仲宗根源和氏自身は、一九五一年五月一日琉球経済社発行の雑誌に書いた「琉球独立論」のなかで、ポツダム宣言の日本語訳を読んだ一九四五年八月中旬に「私の腹の底には琉球独立論がはっきりした形をとって出来あがったのであります。……翌一九四六年の秋頃から私ははっきりと『琉球独立論』という表現をとってその理由を明かにしました。」とのべている。

仲宗根先生の右の発言中に、沖縄の将来の在り方について、沖縄はそのままほっておけばアメリカ一国による信託統治を経て独立国になる。然し沖縄は元々独立国であったから、我々は直ちに独立に向かって邁進するんだとの沖縄独立論を公的な場において、初めて発表されたことである。それが沖縄民主同盟は独立論者だと、規定される原因となった。また事実、仲宗根先生は演説会においても独立論をぶち上げておられた。

(「荒野の火」⒃——傍点は筆者)

この懇談会の模様は、それから約二週間後の一九四七年五月二十一日付で、「沖縄建設懇談会懇談記録報告の件」と題して、「沖縄建設懇談会與儀喜宣外発起人一同」から「沖縄民政府知事志喜屋孝信殿」宛提出される。そしてそれから一週間後の五月二十八日、石川市の中央ホテルで、仲宗根源和、大宜味朝徳、平良助次郎、伊波久一、山城善光、真栄城守行、桑江朝幸、吉元栄真、大城善英、桃原茂太などが集まり、第二回目の懇談会がもたれた。「懇談会の発起人全員に集まっていただくようにとお願いしてあった。それは懇談会の事後処理報告と向後の運動方針設定のための会合であった。ところが、どうしたことか、参加者が……わずか十名前後の淋しい集まりとなってしまった」(『荒野の火』⒇)。

その日は、前述の懇談テーマ(一)の「民意を代表する機関設定の具体的方法」について協議したが、議論は沖縄の帰属論にまで及んだ。(同、㉑——傍点筆者)

伊波久一氏 沖縄人は一国としての国民的な性格を持っていると思われるが、一体沖縄はいかなる統治形態になるかについて伺いたい。

山城善光氏 沖縄の運命はカイロ宣言、大西洋憲章によって規定されている。即ち沖縄から日本の勢力は駆逐されてその権力は及ばなくなっている。沖縄の辿る経路としては、国際連合による信託統治、または米国一国による信託統治を経て、将来ある時点になると、沖縄人自体で沖縄の在り方を決めなくちゃならなくなる。今のところ、米国や一国による信託統治の線が強いけれども、国際連合による信託統治が沖縄にとっては望ましい。最終的には民族自決の法則によって沖縄の独立は可能である。今の段階では、飽くまでも沖縄人の沖縄だという自主性を守り続けることが重要である。

真栄城守行氏 沖縄処分について、ある人の話だが、アメリカの管理下における沖縄の独立。アメリカと沖縄人との共同による沖縄の管理。日本へ返す。支那に与える。この四つの方法があると話していた。

仲宗根源和氏 沖縄は沖縄人による沖縄であって、将来は民主独立国を建設すべきである。

そしてその日、満場一致で「沖縄民主同盟」という名称の政治結社を発足させることが論議・決定された。

引続き事務所の設置、会員獲得の方法、スローガンの必要性等を論議し、出席者全員が設立準備委員の候補者になることを決定した。そして最後に、結社設立大会の日を六月十日前後とし、石川市で盛大に結党式をあげることを決定して散会した。（「荒野の火」㉓）

こうして、「沖縄建設懇談会で口火を切られた民主化運動が発展して、約ひと月後の一九四七年六月十五日、石川市宮森初等学校で、戦後最初の政党『沖縄民主同盟』が結成された。」（前出『沖縄の証言』、二〇二頁——傍点筆者）（同書をはじめ他の著書や、あとで述べる政策協議会等に関する石川署長の状況報告書、そして山城氏も結成月日をそれぞれ六月十五日とされているが、一九四九年十二月十日付、沖縄民主同盟事務局から、「沖民同庶第五號」として、沖縄民政府総務部長に提出された「政党調査照會回答」と題された文書には「政党組織期日一九四七年七月十五日」と記載されている)。

山城氏によると、党結成式には、石川市の三八名を筆頭に北部を中心に中部南部の一五の各市町村からそれぞれ一～五名の有力者たちが集まり、同氏が経過報告をし、仲宗根源和氏が結党の趣旨を述べ、次のような宣言とスローガンを決定し、さらに役職員も決定したという。

宣言

吾等は沖縄人による沖縄の解放を期し、新沖縄の先駆として行動する者なり。沖縄は日本政府の圧政と侵略主義の為に斯くも惨憺たる運命に遭遇せり。焦土沖縄は沖縄人の沖縄なりとの自覚によってのみ再建さる。吾等茲に沖縄民主同盟を結成し、悲願達成へ奮然と起ち上がり、世界平和に寄与せん為スローガンを掲げて茲に宣言す。

右宣言す

一九四七年六月十五日

沖縄民主同盟

スローガン

一　沖縄人の沖縄確立

二　民主々義体制の確立
三　内外全沖縄人の連絡提携
四　講和会議への参加
五　日本政府による戦災の完全補償
六　民営事業の促進と重要事業の官営
七　土地の適正配分
八　最低生活の保証
九　悪性インフレの徹底的防止

（「荒野の火」㉔――傍点筆者）

四　沖縄民主同盟の独立論

右の宣言とスローガンをみるかぎり、そのなかには、直截なかたちでの独立論の主張は含まれてはいないかに思える。新崎盛暉氏が、「民主同盟が、独立論を掲げて結成されたということはありえない。民主同盟の独立論といわれるものは、むしろ、設立から解散（五〇年十月共和党に合流）まで民主同盟の中心的位置にいた仲宗根源和の主張であったが、彼が全面的に独立論を展開するのも、五〇年代にはいってからのことである」（『戦後沖縄史』日本評論社、一一三頁）と述べるのも、いちおう、首肯しがたいことではない。しかし、はたしてそうであろうか？

ここにひとつの資料がある。一九四七年九月八日付石川警察署長から沖縄民警察部長にあてた、「民主同盟政策協議会並政策発表演説会開催ニ関スル件」と題する状況報告書である。いまも変わらぬ公安警察の、当時における活動の一端を示す興味ある一種の密偵資料と思われるが、それは「1948年一月以降　沖縄民主同盟に関する書類　總務部」と表紙に記された、ひとつづりの書類のなかの一部として残されている。

それによれば、沖縄民主同盟は、結成から三ヵ月もたたない九月六日と七日の両日にわたり、石川市大洋初等学校で政策協議会と政策発表演説会を開催している。

六、七日の協議会の出席人員は、仲宗根源和、桑江朝幸、山城善光、真栄城守行、大城善英、伊波久一、平良助次郎氏など二十六名、七日の演説会聴衆男約六十名女なしというものであった。「自九月六日午后一時至同日午后六時半自九月七日午前十時至同日午后二時迄二日間ニ亘リ左記（第二）政策ヲ各自提案シ意見ヲ開陳審議ノ結果朱書ノ通リ補足又ハ追加訂正削除ノ上萬場一致ヲ以テ可決シタ」（同報告書）。

そしてその「沖縄民主同盟政策表」は上下に区切られ、上部に「緊急対策」、下部に「恒久政策」として次のようなものが記載されている。まず、「緊急対策」は政治、経済、社会、教育、産業、交通運輸の六分野にわたっている。政治の部は、（一）民主政治ノ確立——議会政治ノ促進、三権司法　立法　行政　分立、（二）講和会議ヘノ代表派遣、（三）内外沖縄ヘノ連絡提携、（四）中心都市ノ設定（軍官民ノ協議ニ依リ）、（五）農業組合並ニ水産組合ノ民主化、（六）預貯金各種保険金ノ（在外資産戦時災害保護法ニヨル給与金）接受促進、（七）完全復興ニ対スル連合國ヘノ陳情、（八）出版報導《ママ》ノ自由の八項目である。

経済の部は、（一）島内生産品公定値ノ徹廃《ママ》（買占防止、外地ヘノ横流防止）、（二）生産組合ト消費組合ノ直結、（三）沖縄独自ノ貨幣発行、（四）各種工業ノ促進（取消）となっている。

社会の部は、（一）民主的労働組合ノ設定ト労働者ノ待遇改善、（二）土地所有権ノ確立（削除）、（二）《ママ》俸給生活者ノ生活保証、（三）元居住部落ヘノ復帰促進、（四）阜頭倉庫ノ設置ト市町村配給所トノ直結（地區中央倉庫ノ廃止）、（五）日常生活必需品ノ円滑ナル供給、（六）医療衛生薬品ノ整備補給ト医療制度改革、（七）規格家屋ノ補強（カバ屋ノ解消）建設促進、（八）薪炭対策ノ樹立と、きめが細かい。

教育の部は、（一）教育制度並施設ノ整備確立、（一）《ママ》留学制《ママ》ノ確立、（二）教育界ノ革新、（三）文化施設ノ整備拡充がうたわれている。

産業のうち農業の部には、（一）農耕地ノ拡張ト各市町《ママ》ニ即應セル使用権ノ適正配分、（二）家畜移入促進ト畜舎ノ家敷内設置容認　飼育ノ簡易化、（三）農業ノ富力化ト機械化、（四）肥料種苗優良農具等ノ移入促進ト適正配分、（五）農産加工施設ノ促進、林業の部には、（六）林道開発、（七）計画植林ト計画伐採、漁業の部には、（八）爆発物毒物使用ノ撤底《ママ》的取締、（九）遠洋漁業ノ促進、（十）漁具ノ移入促進ト適正配給、工業の部には各種工業ノ促進、地下資源ノ開発が番号をうたずに並列されている。

交通運輸の部は、（一）陸海交通運輸業ノ合理化、（二）陸海運輸難ノ解消（削除）、（三）港湾ノ解放の三項目である。

次に、「恒久政策」としては、以下のようになっている。

（政治）
一　独立共和國ノ樹立
二　税制ノ確立
三　移植民ノ促進
（経済）
一　国際自由貿易ノ促進（保留）
二　重要産業ノ沖縄人ニ依ル支配（半民半官）
三　地下資源ノ開発（削除）
四　金融機関ノ整備
（社会）
一　婦人ノ政治意識ノ昂揚
一《ママ》　婦人ノ権利伸張
一《ママ》　恒久住宅ノ建設
一《ママ》　救済制度並施設ノ完備
（教育）
大学専問《ママ》学校ノ設置
（産業）
各種工業の促進
電化ノ促進

地下資源ノ開発
灌漑施設ノ促進

以上が、警察資料が伝えている「沖縄民主同盟政策表」の内容である。政策協議会に「臨監」した警察官は、警部補一、巡査部長一、巡査三の計五人であり、報告書は三人の巡査によって速記されたことになっている。

すると、報告書の内容は、ほぼ正確に近いと考えられる。そこで、われわれは、同盟の「恒久政策」の筆頭に「独立共和國の樹立」が麗麗しく掲げられていることに注意したい。現時点でも部分的に通用しうる各人の多方面にわたる議論・発言の内容（たとえば、照屋規太郎氏の医療制度の合理化＝自由開業と公営開業の二本建て案など）が、同報告書で報告されている。（この部分はひらがな文字が使用されている。）そのなかで、仲宗根源和氏は、婦人の政治意識の昂揚、スト権を認めた労組法の必要性、移植民の促進、民主政治の確立などについて先駆的な意見を述べた演説の最後に次のように語っている。

次は独立共和國の樹立でありますが、英帝國の連邦会議の意見としても小笠原と沖縄は米國の主権であると言ふことを認る《ママ》のであります　此れも一つの謀略であります　米國に向ふを渡し又向ふではどの國を貰ふと言ふ風に一つの謀略であります　現在に於て日本復帰の希望も相當にある模様ですが若し人民投票に依って日本に帰るとなった場合一番危険を考へるもので御座います　米國は沖縄の土地を總ての方面から考へても決して帰しはせないはずです　仮に日本に帰へすにしても事實の上に租借地として永久に浮べない民族にならなければならない苦しい立場になるのは當然のことです　これを独立共和國としてアメリカと親善関係を結びアメリカの主権の下に置かれた場合でも市民権を認めてくれるとか言ふことも考へられますのでこの際我が党は民族戦（線？）として人民党と一緒になり又日《ママ》（内）外沖縄縣人が連絡して提携し打って一丸となり虚心担攘《ママ》（坦懐）現状の打開に邁進して行き度いと思ひます。（傍点筆者）

この政策協議会で満場一致で可決され、「沖縄民主同盟政策表」に書かれた事項が、その後、同盟のなかでどのように政策化され綱領化されたか明らかではない。しかし、それは、一九四八年五月頃に開かれたという第二回党大会で決定された「沖縄民主同盟綱領」と「宣言」の中に反映されていることは疑いない。その綱領は、「一、本同盟は全琉球民族の速かな統合を図り、その自主性の確立を期す一、本同盟は民族多数の名に於いて一部の階級の利益を貪らんとする一切の不正と斗い、共存共栄を本旨とする琉球の建設に努力す一、本同盟はポツダム宣言大西洋憲章等の国際公約の連合国による履行を確信し、琉球の速かなる解放を期す」とし、つづけて「宣言」は、「琉球は厳として琉球人のものなり。吾等は琉球の民主化を阻む一切の封建的陰謀と断々乎として斗うと共に琉球の自主性確立のために勇敢にその政策を推進す。右宣言す。」（『荒野の火』(50)――傍点筆者）

この綱領と宣言は、明らかに、「政策表」の「恒久政策」の筆頭にかかげられている「独立共和國の樹立」と脈絡《コンテクスト》をなしている。そしてこれまでみてきた沖縄建設懇談会から党結成、そしてその後にいたるまでの党員相互の議論や宣言、スローガン中の発言や文言（とくに筆者が傍点を附した部分）は、民主同盟自身が全体として、沖縄独立論の主張者であったことを示している。だが、一般には独立論は、仲宗根源和氏の個人的見解にすぎないとし、民主同盟と独立論とは切り離して考えられている。たとえば、「沖縄民主同盟の政治的立場は、同党幹部の個人的発想の反映とみてよい」（大田昌秀著、前掲書、一〇七頁）とか、はては前に引用した新崎氏のように「民主同盟の独立論といわれるものは、……仲宗根源和の主張であった」のであり、「民主同盟の場合は……同盟としての主張のなかに独立論をみることはできない」と断定されている。いずれも明文化した綱領がないとされていること、党の目的の文言を、その根拠としているかのようだ。（ちなみに、新崎氏が「設立当初の党の目的」とされている「沖縄の政治、経済、社会、文化、教育等の民主化を促進し、その展開確立するを以って目的とす」という文言は、前述（本書一二二頁）した一九四九年十二月十日附、つまり同盟解散十ヵ月ほど前の沖縄民主同盟事務局から沖縄民政府総務部長あての「政党調査紹會回答」中に記載されているもので、設立当初のものではない。より当初の資料としては、民同庶第一号として、一九四八年二月二十日附、沖縄民主同盟事務局長仲宗根源和から沖縄民政府知事志喜屋孝信に宛てた「政党ノ職責報告ノ件」と題する、「一九四七年十月十五日発米國軍政府特別布告第二十三号ニ付一九四八年二月日《ママ》所轄首里警察署ヲ通ジ正式ニ書類提出方ノ指示アリタリ。依ッテ同布告第二条a項、b項、c項、d項ニ基キ別紙ノ通リ報告書及提出候也」という事情のもとで出された文書資料がある。そのなかに記されている目的は、カタカナ文字で「一、目的　沖縄ノ政治、経済、社會、文化、教育等ノ民主化ヲ促進シ、ソノ確立展開ヲ期スルヲ以テ目的トス」となっていて、文言に微妙な差がある。）

右の報告文書中に「三、綱領　明文化シタル綱領ナシ。右ノ目的ノ條項ノ主旨ニ基キ、全島的ナ組織ノ確立ヲ見タル上、全支部ヨリ提出サレタル政策ヲ綜合シ、更ニ要約シテ始メテ綱領ヲ掲ゲル方針ナリ」と言っていることは、文字どおりには受け取れない。その報告書の性質、出された状況、当時の反民政府感情等を考慮すれば、文言の背後に、彼ら民主同盟の政治戦略的配慮を読み取る必要があろう。

沖縄民主同盟に関する誤謬の歴史は、曇りのない眼によって、正されなければならない。

五　沖縄民主同盟の消滅・歴史の審判

戦後沖縄の政治、経済エリートの貯水池となり排水口ともなった民主同盟の指導者たちは、現実問題として、独立共和国の夢を現実化する政治指導《リーダーシップ》の軌跡を示してはいない。のみならず、「独立共和国の樹立」という、彼らの、いわば「最大限綱領」を、当時の軍政府―民政府下での民主化の諸要求という「最小限綱領」と架橋するいかなる政策的思想的展望も語られてはいない。しかし、沖縄独立共和国の樹立が、近い将来の沖縄社会の理論的目標として、彼ら民主同盟員の共通の観念のなかに厳然と存在していたことはもはや疑うことができない。まさに時代は、戦争・敗戦・混乱という外的衝撃《インパクト》によって、旧来の支配機構、価値観が崩壊したときである。数千名（前述の「政党調査照會回答」では全党員数二〇〇〇名となっている）の党員をはじめ、広範な沖縄民衆に、沖縄独立の少なからぬ思想的＝政治的影響を及ぼしながら、民衆のエネルギーを、新たな歴史的地平へ嚮導することができず、そのエネルギーを、「盲目的日本復帰論者はやがて日本に対してえんさの声を放つ可能性さえある」（仲宗根源和「琉球独立論」）と彼ら自身によって、的確なる予見をたてられた単眼短見の復帰派の手中に委ねてしまった。

　時代状況に翻弄され必ずしも明確に歴史の方向を透視しえなかった沖縄民衆に、彼らは、当面の争点（たとえば、「民政府の独裁」〔仲宗根源和〕、生活問題など）を提示し、民衆に〝救い〟を与えようとした。だが、「敗戦という大きな挫折の体験を思念の梃子として、戦後へ出発することもできなかった」（川満信一著『沖縄・根からの問い』泰流社、二九頁）彼らには、当然のことながら当時の国際的な政治力学、アメリカ占領軍の権力規定を明らかにし、〝解放軍〟幻想からさめる契機をもちえなかった。「親米友日的な琉球独立願望」（祖根宗春、前出、琉球経済社）というようなドンキホーテ的悲劇が、ここに胚胎する。群島知事、議会議員の公選要求等の建設的政策の提起、そしてときに志喜屋民政府へのプレッシャーグループ的活動を、本部のほか国頭村、大宜味村、名護町、今帰仁村、上本部村、本部町、屋部村、石川市、越来村、首里市など各支部への地域的広がりのなかで繰りひろげた彼らは、軍政が投げ与えた群島知事、議会議員選挙をめぐって紛糾、内部分裂・離反する。各々が、既存の体制に安住しそれに依拠して、いびつな権力階梯を志向する政治・思想的破局の訪れである。そして定員二十名の群島議員に五人の候補者（山城善光、中山一、照屋規太郎、桑江朝幸、仲宗根源和）を立てた民主同盟は全員落選という冷厳な結末を迎える。

　こうして、一九五〇年秋、沖縄民主同盟は結党三年余にしてついに瓦解する。ほぼ同じころ、元大政翼賛会沖縄県支部壮年団長平良辰雄氏を委員長とする復帰政党＝社会大衆党が結成され、復帰運動の組織的胎動も間もなく始まる。――それから二十数年ののち、歴史は沖縄に仮借なき審判を下すことになる。「七二年核抜き本土並み返還」という出口なき処分を……。

沖縄における天皇制と日の丸・君が代

一

二年後に、ここ沖縄の地において開催される「海邦国体」の儀式日程を主要な視野に置いての《日の丸・君が代》問題が、いま、沖縄の世論を二分する最大の政治的＝社会的争点として、急速に浮上してきた。

全国民的規模のスポーツの祭典としての国民体育大会を推進している県サイドでは、可能な限り、スポーツ行事に潜《ひそ》められた政治性を隠蔽し、あるいはその政治的色彩を薄めて、沖縄という地域のもつ特殊な歴史の重み、沖縄戦の暗黒の構図を記憶の外へ放逐し、南島の明るい地域性を生かしつつ、他府県並みの大会運営を目ざすこと、国体関連投資による経済的効果への期待に人びとの関心の焦点を集めることに腐心している。

天皇の国体出席、日の丸掲揚・君が代斉唱は各県でのこれまでの国体運営のパターンとして定着しており、したがってすでに、西銘県知事が、沖縄国体への天皇の出席を要請したのは、きわめてあたりまえの帰結であったはずである。

しかし、〈日の丸・君が代〉に否定的立場をとる側は、問題を肯定派のように純粋なスポーツ行事の一環として短期的なパースペクティヴのなかでとらえるのでなく、視覚の射程を、中曾根首相のいう「戦後政治の総決算」路線にまで広げている。首相以下各閣僚の靖国神社公式参拝、いわゆる「国家秘密法」の立法化運動、軍事費のGNP一%枠突破、教育「改革」の動きなど昨今の特徴的な政治政策の動向を、日本戦後史の重大な転換点として把握し、軍国主義への危険な道に警鐘を打ち鳴らしている。こうした時代の潮流に抗するのに、悲惨なる戦争体験、二十七年間の米軍による占領支配、そして七二年「復帰」とその後の変わらざる軍事基地固定化という沖縄の苛酷な現実が起爆力を与えていることは否定することができない。

こうして、「海邦国体」を最近最大の時的頂点として、《日の丸・君が代》論争は、日一日と激しさを加え、状況の展開次第では、《論争》を超えた大きな社会的騒乱を引きおこす導火線として巨大な爆発力を秘めた不気味な震源に連なる存在と化しつつあると言ってよい。それは、いわば、〈日の丸・君が代〉が体現している価値原理をめぐる神々の争いたる性格を帯びざるをえないからである。すなわち、スポーツ行事たる国体は、皮肉にも、人びとの心のうちに久しく眠っていた、あの国体観念、政治・制度論から思想・文化にわたる学問的認識概念として、戦前から牢固として生きながらえていた日本的亡霊を呼び寄せることとなった。

国体という概念をめぐり、歴史上、何度か、論争主体が交代しての〈国体論争〉が繰りひろげられてきた。『古事記』は、天皇家の先祖が地上に降り立つ物語を弁証し、万世一系の天子の家系への信仰を基礎づける役割をはたしてきた。そして明治維新政府による天皇の政治的利用の形態として、「近代天皇制」が創出され、明治憲法の起草者たちのあいだの〈国体論争〉を経て、国体とは天皇シンボルを統治体制の中心に据えた日本国に特有な政体をさすものとされてきた。明治憲法時代の、こうした理論上の概念としての君主国体も、「万世一系ノ天皇君臨シ統治権ヲ総監シ給フ」制度上の概念としての国体観念もともに、国民主権主義の共和国体を採用した現行憲法の制定の結果、覆滅されてしまった。まさに、「国体は変更する」こととなったのである（佐々木惣一↕和辻哲郎、宮沢俊義↕尾高朝雄間の論争。現行憲法審議のさいの国会での議員と政府間の論争、いずれも前者が変更論者、後者が不変更論者）。

　現行憲法のもとにおいては、明治憲法下で統治者兼象徴たる地位にあった天皇の統治者たる地位が否定され、「天皇は、日本国の象徴であり日本国民統合の象徴」（第一条）として、つまり、象徴天皇制として生き残ったにすぎない。それは、まさに明治維新政府によって制作された「近代天皇制」の現代的変容としての現代天皇制が、「古代天皇制」以来一貫して持ち続けてきたと思われる象徴機能のなかに蘇生したことを示している。それは、天皇制の存廃をめぐって、憲法の制定過程であらわれた連合国側、そして日本国内の種々の見解の、たたかいの妥協形態として結実したものであった。すでにそのとき、後日の現行天皇制論争の火種は胚胎していたのである。

　天皇制という概念は、右のようにたんなる特殊＝日本的な政治体制を意味するばかりでなく、日本人の生き方、文化全般を規定している意識のありかたまで含めて、最広義に使用されることが多い。そういう意味での天皇制のもつ複雑な多面的重層構造を全面的に解析するには、国家論をはるかに超えた人間の生き方、文化のありよう（文化意識）にまで、広く深く思想の錘鉛を降ろさねばならない、永遠に成就不能の作業たらざるをえないことは、何人も否定しえないであろう。「文化概念としての天皇制」（三島由紀夫）、「共同幻想としての天皇制」（吉本隆明）というのは、こうした意味でのひとつの天皇制認識の到達点を示したものにほかならない。

二

天皇、そして天皇制の存在と形態は、時代により、地域によって、かなりの歴史的変差を示すものであることは自明のことである。

たとえば、日本の近世社会においては、天皇は存在していたが、天皇制は存在してなかったと言える。

明治十二年の「琉球処分」前後の沖縄の民衆にとっては、旧王尚泰は知っていても、天皇のあることを知らず、藩政府のあることは知っても、明治政府があることを知らなかったということは、明治の文化資料が伝えるとおりである。それは、明治維新を本土とともになしえなかった沖縄人の、避くべからざる時代認識のレベルを示している。日本の近代へ遅れて参入せざるをえなかった沖縄人は、天皇制の浸透という点でも、遅れてきた「限界人」（マージナル・マン）にほかならなかった。むろん、前述のとおり、日本本土においても、時代と地域により、天皇と民衆の関係は、それぞれに種々異なった様相を呈したはずである。薩摩の侵略を受け、日支両属下の異族とみなされていた沖縄の民衆は、日本本土のどの地域にも増して、天皇と天皇制とは無縁の位置にあったことは、疑うことができない。

遅れてなった日本人としてのあせりが、教育と軍隊の体系のなかで、懸命な「皇民」化を志向させ、みずからを「動物的忠誠心」の闇に追い込んだかたちが、沖縄戦の悲惨なる地獄絵図であった――。

そして戦後二十七年間の米軍支配の大部分の時間、天皇制の〈真空地帯〉として、〈日の丸・君が代〉の世界と切れたまま、沖縄は、七二年「復帰」を迎えることとなったのであった。

三

「復帰」からすでに、十四年の歳月が流れている。「復帰」の年に生まれた子供たちは、早、中学生になった。二十七年に及ぶいびつな米軍支配下においてさえ収斂されなかった、沖縄をひとつの共同体社会にまとめあげてきた戦後沖縄史の基層を成す諸条件は、この短い時の流れのなかで、大きく変わってしまった。

一九八五年十月二十日付で、総理府が発表した「沖縄県民の意識に関する世論調査」は、「復帰」後の民衆の意識の変化を如実に示している（以下、同年十月二十一日付「朝日新聞」による）。

復帰を肯定的に評価するのは、じつに七割に近い（「非常によかった」＝一一・八％、「まあ、よかった」＝五七・五％）。他方、「あまりよくなかった」（＝一六・八％）と「非常に不満である」（＝三・二％）を加えた否定的評価は、二〇・〇％にすぎない。

自衛隊の必要性については、「日本の安全に必要でない」（一六・五％）、「日本の安全にとってかえって危険」（一六・六％）、合わせて三三・一％を除いた半数以上（五五・三％）が、自衛隊の存在を肯定している。ただ米軍基地の必要性については、半数以上（五三・九％）が否定している。

そこに見られるように、「復帰」は、時間の経過とともに、明らかに沖縄の社会的構造を変化させ、同時に特有の社会意識を育み始めている。同じ総理府の調査で沖縄の経済・社会が「順調に発展している」とみる者が六一・七％に達していることにも示されているように、時代は、ある種のけだるい〝安定〟の相貌を見せ始めている。全国平均のほぼ二倍の失業率にもかかわらず、である。

しかし、「復帰」の国家的施策が帰結した政治・経済・法制・文化の相互関連のありかたは錯綜・茫漠として認識しにくくなっているのが現実である。不可視の沖縄は、ますます見えなくなってしまった。

かつてかすかに見え始めていたかに思えた、沖縄の思想の座標軸を、いまどこに、どう設定すればよいのか。人間の数だけ神々が存立し、自足した神々は、真正面から対立・交錯することを好まず、相互に無関係の共存を楽しんでいる。社会のどこにも目標も希望のかけらもなく、人びとはただ、投げ与えられた国家的「贈与」で肥えふとり、生きさらばえさせられているにすぎない。

「復帰」によって、利害関係の異なるさまざまな社会階層に腑分けされてしまった民衆の生活やエネルギーのゆくえを確かめ、「復帰」後社会の社会史的位相を探る試みは、どこからも総体的に提示されることもなく、人びとは、それぞれのタコ壺のなかの悠久の平和を謳歌しているように見える。

四

一九八五年九月六日付の「朝日新聞」は、朝刊の一面トップで、次のように報じた。

文部省は五日、全国の公立・小・中・高校がこの春の卒業・入学式に「日の丸」を掲揚したか、「君が代」を斉唱したかについて、都道府県、政令指定都市別の調査結果を公表、併せて実施率の低い地域の実態を問題として、各教育委員会に対し「国旗と国歌の適切な取り扱いの徹底」を求める初等中等教育局長名の通知を送った。この問題で文部省が通知を出すのは初めてだ。昭和三十三年以来、学習指導要領に学校行事等で「国旗掲揚と君が代斉唱が望ましい」と明記してきたのをさらに進め、より積極的に行政指導の形で徹底を図ったといえる。同省は「地方議会などで国旗・国歌をめぐる掲揚・斉唱決議が相次いでいるが、こうした『戦後』に決着を求める世論動向なども勘案した」と説明している。一方、教育現場などからは「日の丸・君が代の事実上の義務化だ」と反発する声も強く、日教組は各職場での反対闘争を強めるとしている。

調査は、自民党などが提唱した、戦後四十年、天皇在位六十年などを機とした国旗掲揚、国歌斉唱の徹底運動、文部省などへの要請など一連の動きと呼応した形だ。すでに各地の学校では校長の職務命令や教委の行政処分など強い形で掲揚、斉唱の実施が進められているところも多く、今回の文部省通知をきっかけに、「指導」が一段と強められる可能性も強い。

「国旗・国歌問題」は、五八年に同様の実態調査と初中局長通知で指導の徹底を図った道徳問

題と並ぶ「戦後の教育現場の懸案事項」と文部省は明言している。（中略）

調査結果によると、「日の丸」掲揚の率は、卒業式では小学校九二・五％、中学九一・二％、高校八一・六％。入学式の場合はやや低く、小学校八九・九％、中学九〇・二％、高校八一・三％だった。

「君が代」斉唱の率は「日の丸」に比べるとかなり低い。卒業式では小学校七二・八％、中学六八・〇％、高校五三・三％。入学式ではさらに下回り、小学校四六・四％、中学六二・三％、高校四九・〇％で、小学校と高校は半数を割っている。（中略）

地域別の実施率はかなりばらつきがあり、卒業式で小・中・高校の全校で「日の丸」を掲揚しているのは、富山、愛知、岐阜など十二県市。徳島、愛媛、鹿児島の三県は、「日の丸」「君が代」ともに一〇〇％実施している。

逆に、低いのは沖縄で、小・中で「日の丸」を各七％掲揚しているだけで、「君が代」の斉唱率は全校でゼロ。

さきに述べた「復帰」後の沖縄社会の変容、そこで沸騰し始めている《日の丸・君が代》問題の全局面において、この時期に出された文部省通知の政治的底意を含め、調査結果をどう評価すべきであるのか。おのおのの立場とイデオロギーのちがいで多様な見解がありうるはずである。国家意識の重要性を強調する人びとには、「君が代」ゼロの事実は、沖縄の恥ずべき汚点と映ずることになろう。「復帰」後十数年経てもなお、種々の特別措置を求め、本土社会との均質化に抵抗し、国家的統合を傷つけてきたかに見える沖縄の姿にいらだつ東京の役人の声も、聞こえてくるようだ。

しかし、まさにこの事実のなかにこそ、逆に沖縄社会の健康さ、とりわけ教育現場の教師たちの良識と勇気を見てとる人も多いにちがいない。

いずれにせよ、《日の丸・君が代》問題の意味は、それが、「復帰」後の沖縄の政治・教育等あらゆる分野での〈内政〉的な台風の目となるとともに、対本土との関係では、沖縄が丸ごと、政治的＝思想的踏み絵を突きつけられているというところにあると言える。

明治憲法下の教育の目標は、国体観念を「涵養」し「忠良ノ臣民」（明治二十三年、「教育ニ関スル勅語」）を育てることにあった。したがって、敗戦による国体の変更によって、明治憲法的国体観念を教育のなかに持ち込むことは、論理的に不可能となるべきはずのものであった。一九四五年十二月に発せられた占領軍の神道指令も、その強力な援軍となる内容のものであった。

しかし、戦後教育のなかで、戦前回帰の動きは早くからあらわれ、一九五〇年には、文部大臣から学校での「君が代」斉唱が望ましいとの通知が出され、以後曲折を経て、昭和三十三年から学習指導要領のなかにとり込まれていったのである。この点について、家永三郎教授は、「天皇制と教育」という論文のなかで次のように述べている。

一九三六年の国定修身教科書で文部省が「『君が代』の歌は、『我が天皇のお治めになる此の御代は、千年も万年も、いや、いつまでも続いてお栄えになるやうに』という意味」の歌であると明記していたとおり、天皇主権体制を祝福する歌であることは否定の余地がなく、主権在民の日本国憲法下でその斉唱を文部省が法的拘束力ある法規と称する学習指導要領の中で掲げるのは、たとい助言であっても、憲法違反の措置たること明確である。

このような日本本土における戦後教育の成果が、前述の文部省調査の数字となってあらわれていると見てよい。

沖縄の戦後史は、戦場における残虐な〈皇軍〉の血の記憶に染められた「日の丸」の消えたところにはためき立った星条旗とともに、始まった。

遅れて沖縄にやってきた明治の時代、そして天皇制ではあったが、師範学校だけは、置県の翌年、明治十三年に設立されている。これは教育を媒介にして、早々に天皇制の浸透が意図されていたことを示している。その目標となった〈皇民〉化教育の結末が、沖縄戦での大量死であった。八十余日の地上戦で、正規軍人を上まわって散った県民の命。いまなおその数は正確には確定できない。なんという苛烈さだ。日本兵による食糧強奪、壕追い出し、スパイ名目の県民虐殺、追い込まれた集団自決、無数の婦女暴行等々……。

だが、「君が代」はともかくとして、戦後沖縄教育のなかで、「日の丸」はある意味での免罪符を与えられてきた。米軍支配のただなかで、沖縄教職員会が、「日の丸」掲揚運動をやり、そして復帰運動は、ある時期まで「日の丸」一色で彩られたのであった。デモ現場では、労働組合の赤旗は、教職員会の打ちふる「日の丸」によって、片隅に追いやられていった。「復帰」の内実がようやく明示され、状況が袋小路に突きあたったころから、「日の丸」はいつしか表面から消えていた。

いまごろになってあのころの「日の丸」を対米抵抗のシンボルと解する「通説」がある。しかし、それには疑問がある。

ほんとにあのころ、米軍なら米軍の〈支配〉にたいする抵抗の意志で、「日の丸」が動員されたのか。ひょっとして、師範学校的＝明治憲法的＝天皇制的思想のシンボルとしての「日の丸」を真剣に振ったのではなかったのか。わたしの疑問は、いまなお消えることはない。

もし、かりに、復帰運動が、「日の丸」を一度免罪したとすれば、沖縄においては「日の丸」は、いわば、禊《みそ》ぎを受けたことになり、それが吸いこんでいたおびただしい血は、洗い流されていることになる。日本の中心部から発せられてくる外圧をはねのけ、それを寸断する論理は、そこからはみいだしえない。

「母なる祖国へ」という祖国復帰の運動と思想がかかえ込んでいた、一定の無思想性あるいは「思想」性のツケが、こうしたかたちでまわってくることを、当然予想しえなかったとしたら、よほどのオプチミストか、さもなくば邪悪な「マキャベリスト」にちがいない。

ない。

見てきたような嘘というのは、なにもそこいらのチンピラ歴史「学者」に固有の人格的特性ではない。

認識し、記憶され、叙述・表現される過程で、意識的あるいは無意識的作為・不作為によって歪曲・捏造された多くの「事実」が、身のまわりで交錯し共鳴しあういまの時代の日常的光景に、驚く者は、もはやいない。

虚偽や誤謬をそれと知りつつ、人びとはむしろそれを楽しんでいる。それは、いうなれば現代社会の存立に必要不可欠な〈媚薬〉として機能している面がある。

《娯楽情報》のかたちをとって、マスコミそしてミニコミを通じて流される、そうした「事実」はますます増幅され加速され続けられなければ、ヤク中（毒）の現代人を〈感動〉させえない。

あまたの「歴史」書を埋め尽くす、こうした類のいかがわしい歴史的「事実」もそうした意味で悪いものではない。「歴史家」の詐術を多少我慢すれば、われわれは、彼らが創作する〈物語〉を十分に楽しむ時間をもつことができるから。

しかし、われわれとともにあり、われわれが現に生きている、現在進行形の〈同時代〉の歴史の叙述こそは、いかに有能な歴史家でさえも、成功のおぼつかない試みであるにはちがいない。歴史の現場に投げ出されている民衆自身の目と耳が、歴史家の叙述内容にたいする《検証》用具として完璧に機能し、その嘘を容易く見破ってしまうからである。

したがって、〈同時代〉史に属する湾岸戦争の〈真実〉に、後世の歴史家がいかに肉薄しようと、当代のわれわれほどには、その歴史的真実を獲得することは、できないであろう。たとえ、《見てきたような嘘》でまことしやかな〈湾岸戦争〉史を構築しようとしても。

しかし、そのなかで生きてあるがゆえに、われわれにとって、見せかけの〈同時代〉史の皮膜の内側に分け入り、歴史の深層＝真相を摑み取る作業は、むしろ困難の度を加えざるをえない。〈現場〉にあることが、かえってその〈現場〉を見えにくくする、というパラドックスは、われわれの不変の常識である。

じつは巨大な歴史的胎動の始まりとなる、決定的な歴史の力動が、「国家」対「国家」間のたんなる〈外交〉的粉飾をもって表現されることがある。

そこでは、歴史の転換点となるべき時代の嵐が、こともなき《時事》解説のなかに隠されてしまう。

米ソ両核大国の共通の国家的利益、そしてそれぞれの国の内政問題の延長として追求された、〝冷戦〟終結へ向かう軍縮・平和の夢は、フセイン・イラク軍のクウェート侵攻によって、突如として破られた。

〈大義〉のない戦争はない。〈アラブの大義〉をかかげ、じつは、先進国の中東石油の利権構造に真っ向から立ちはだかったサダム・フセインの野望は、国民を、竹槍で、圧倒的なアメリカの科学的物量に対峙させようとした太平洋戦争期の日本の戦争指導者たちの、愚かしくも腹立たしい統治手法を思い起こさせた。

そのまま事態が推移・決着すれば、わが沖縄の地において、われわれは、はるか中東の一国の政治指導者たちの無謀と狂気を茶飲み話のタネにし、そのなかに平和ボケの退屈な日常のしばしの悦楽をみいだしえていたにすぎないはずであった。

だが、体制が違い、それぞれの国内事情を抱える関係各国、とくにアメリカや、ヨーロッパ、中東諸国の対応はすばやかった。「多国籍軍」という大量の各国軍隊の連合軍の中東派遣である。

クウェートは、英米帝国主義によって仕立て上げられた、専制と差別の社会構造を特徴とする〝買弁〟国家にほかならない。

しかし、それが、まぎれもなく国家として存在していたからには、国家に不可欠の要素である、最高・唯一・不可分の主権、そして領土と国民を保持しえている主権国家であったことは、疑問の余地がない。

サダム・フセインが、クウェートは本来イラクの一領土であった、といかに強弁しようとも、その侵略性は国際法上明白であった。

イラクの侵略行動にたいして、アメリカを先頭に各国が急速に大量の軍隊を中東に集結させ、いちはやくイラク包囲網を形成した。

だが、一九九〇年八月二日のイラクのクウェート侵攻に始まる湾岸危機の段階から一九九一年一月十七日の湾岸戦争への発展の道程は、むしろ遠いように思われた。その間、国連やアメリカ、ソヴィエトの和平交渉の努力は、ことごとく効を奏さなかった。

人びとは苛立ち始め、一刻も早くイラクを潰してしまえ、とその内心の叫びが聞こえてくるようであった。

かつてのベトナム戦争は、米軍基地を通して、沖縄と直結していた。ベトナム帰りの米兵や基地周辺の町の空気は、ベトナムでの出来事を隠微なかたちで伝えていた。

しかし、今回の場合、沖縄と直接的には繋がっていない遠い遠い中東の出来事なのに、湾岸危機の時点から、人びとはむしろ過剰なまでに反応した。どうしてだろうか？

過去の七〇年代の石油危機の経験から、中東危機→石油危機→生活危機のプロセスを直感した人びとが、我が身大事の大合唱を始めていたにすぎなかったのか。

油の上に築かれた文明＝経済という現代生活の楼閣が崩れ行く危機が迫っている。経済大国日本のエネルギー源の六割を占める石油こそ命の綱である。

人類の敵・フセインを追跡する〈世界の警察官〉アメリカの頭首・ブッシュに拍手喝采——こうした心理的図式がいとも簡単にできあがる。

わたしにしてからが、テレビ中継で、アメリカのテレビ記者の戦争開始の第一報に偶然にも接したとき、なんとも名状しがたい思いに襲われたことを告白しなければならない。

いま、生きて巨大な歴史のうねりに立ち会っているのだ、という沸き立つような知的興奮を覚えると同時に、たとえて言えば、医者からガンの告知を受けた受診患者のショックもかくのごときかと思わせる、重苦しく悲嘆にくれたような心情にかられ、それまでに経験したことのない複雑な心境に陥った。一言で言えば、それは、世界終末の予感ともいうべき、戦慄の思いだった。

この世の終わりを実感させた湾岸戦争。それからは、二月二十八日の停戦まで、よくいわれている、例のテレビゲームのようなブラウン管の戦争シーンから目が離せない日々が続いた。

沖縄の米軍基地からの、アメリカ軍の出撃は、あらためて沖縄基地の牢固たる存在を思い起こさせた。

しかし、なによりも、ハイテクの粋をあつめた軍事技術のオン・パレードは、アメリカの圧倒的な軍事的優位性を誇示してあまりあるものであった。

非軍事施設や民間建造物を避け、自動的に目標の軍事施設を探知し、誘導爆弾や地対空ミサイルが「十」マークの標的に飛び込み命中・爆破させる多国籍軍の「勇姿」を、繰り返し映し出すテレビ映像に、思わず快哉の声をあげた人も多かったはずである。戦場をさ迷う無数のイラクの無辜の民の貌は、そこでは完全に意識の外にある。沖縄戦の戦線彷徨の記憶は、そこでは完全に無化し、もはや、人びとの意識のなかではアメリカ「帝国主義」への批判もソヴィエト「社会帝国主義」への反対も消滅していたであろう。

とくに、イラクの意図的蛮行によって油壷と化した海辺にたたずむ、体中油まみれの海鳥の映像は、見るたびごとに、何度も激しく人の心を揺さぶっただろう(もっとも、このシーンはのちに、インチキたることが暴露・報道されたが)。

一九八五年ゴルバチョフの登場以降の、米ソの宥和・〝冷戦〟の終焉は、アメリカというひとつの強大国だけでは、国際秩序を維持しえなくなったことの国家的＝国際的表白にほかならない。いわゆるパックス・アメリカーナの終わりの始まりである。

この世界的新秩序が、いまだ行方定まらない一九八九年の年末からソ連邦・東欧諸国に起こった劇的な大変動、そして「ベルリンの壁」の崩壊とその後の急速な東西ドイツ統一の実現、EC（欧州共同体）の統合進行と大欧州形成の潮流などなど、〝冷戦〟時代のパラダイムは根本的に死滅しつつある。

社会主義イデオロギーは、理念としても崩壊してしまった。ある種の知識人たちの思想の機軸は失われた。

わたしは、ちょうど十年前、本誌（「新沖縄文学」）第四十八号が「琉球共和国へのかけ橋」（一九八一年六月刊）という特集を組んだとき、「琉球共和国憲法F私（試）案（部分）・注釈《コンメンタール》」という文章を書いたことがある。

その文中で、未来のある時間が経った時点で米ソが和解し、米ソ中の三国連合軍が、解釈改憲によって軍事帝国化した日本を撃つという構図の、一九××年の第三次世界大戦のパロディーを描いたことがあった。

あの文章を執筆したころは、まさに〝冷戦〟時代であり、今日の流動化し、ボーダーレス化した国際社会を予見しえた者は、誰ひとりとしていなかった。しかし、たったの十年そこらで、こうも早く、わたしの〈ユタ〉※的＝霊感的才能が証明されるとは思いも及ばなかった。

このような国際的な環境下において勃発した湾岸戦争は、現代の戦争が、国家と国家のあいだの人為的な国境線を越えて、全世界的規模の惨禍をもたらすことを、われわれに認識させた。地球をまさにひとつの運命共同体として、生きる方策を模索しなければ、生物としての人間の存続もおぼつかないことを人びとに気づかせた。地球社会を取りまく環境を人類の生存と調和させ、コントロールする力は、もはや一、二の強大国の力だけでは、いかんともしがたい。湾岸戦争は、そうした意味で、人類に生き残りの知恵を明確に授けた、人類史上初めての戦争ではなかったか。

そして特殊＝日本的には、国際協和と平和の追求・戦争の放棄と戦力の不保持・交戦権の否認をうたい上げている、日本が世界的に誇りうる、日本国憲法の前文および第九条の徹底的な理念的平和主義を、こんどのような事態において、どのように機能させるかという、憲法問題を現実的に考えさせる契機ともなった。

「多国籍軍」というのは、たしかに国連軍ではない。三十近い国々の軍隊を総称したマスコミ用語にすぎない。しかし、その行動は、国連安保理の決議によって裏打ちされたものである。戦闘現場での組織的実態は明らかではないが、おそらくアメリカのリーダーシップで全体的な作戦行動・役割分担も決定されたであろう。しかし、ソヴィエトを含むあれだけの国が、一致してイラク包囲に参加した事実は、アメリカのたんなる外交的マキャベリズムの成功と片づけることはできないはずである。そこには、平和・環境問題が地球的に共通の問題たらざるをえなくなったとの世界史的認識が働いていたであろう。

人類の生き残りのためには、いままでの古典的＝理念型の「国家」主権を過度に強調することは、反歴史的なものとなろう。

歴史的な段階として、「国家」の観念も変質の過程をたどりつつあると考えざるをえない。

※ユタ　東北地方のイタコと同じシャーマン的職能者を沖縄本島や奄美でユタと称する。宮古、八重山にも同様の職能者がいる。ほとんど女性。いまでも人が死亡するとユタ買いをして、ユタから死者の声、言葉を聞きとり

祖先祭祀のあり方を決める習慣が一部の主婦層のあいだで生きている地方もある。ユタは琉球王府時代から近代にいたるまで婦女子を迷わすものとして取締りの対象となったが、復帰後の沖縄社会、とくに若者のあいだで庶民信仰の対象としてはほぼ消滅している。

第三部　状況のなかの自立思想

沖縄少数派通信

なにをいまごろ――したり顔・本土知識人の沖縄復帰思想ハイジャック

M君、その後お変わりありませんか。昨年の大学のクラス会、それぞれの仕事のアカを体中に限りなくしみ込ませながら、青春の日日の青くさいおもかげを、表情のどこかになんとなく宿して集った学友たちの久方ぶりの顔と顔。

いつの間にか、いまわしい中年に踏み入った無念さを、心のどこかに隠しもって、「六〇年安保」世代のわれわれは、日本の北の国から南の果てから東京に寄り集ったのでした。

商社マンは商社マンらしく如才なく、銀行マンは銀行マンらしくスマートに、役人は役人らしく小心翼々たる物腰が身について、皆さんそれぞれに、らしくなっていましたね。変身とか転向とかおおげさに言わぬまでも、ともかく、つつがなくオトナに成長された諸兄の御尊顔を拝しえたのは、小生にとって、慶賀のいたりというほかなく、ことさらに時の移ろいを感じさせられた一夜でありました。

学窓を飛び立ってかなり歳月を経た同窓会とかクラス会などという風景のなかでは、「おまえ、ちっとも変わらないな」という口上ほど、相手を喜ばせる最上のほめ言葉はない、と思うのですが、残念ながら、ほとんどの皆さんが、姿も心もほんとに変わりすぎた、というのが、小生の偽らざる実感ではありました。

ニッポン資本主義のその権力の優待券を授けられた使徒として、ニッポン株式会社のために身を粉にして奮闘されている諸兄が、学生時代のロマンにいさぎよくグッドバイしてなんの不思議がありましょう。もっとも過激に学友をアジっていた者が、いまじゃ学生取締本部の岡っ引に転身しているかと思えば、他方では、一見ノンポリふうで目立たなかった男が、ひたぶるにおのれの精神を高ぶらせ、時代と対峙する地点におのれを追いつめていたり……。ほんとうに、皆さん、たいそうお変わりになられました。

ところが、小生ときたら、十年一日のごとく、昔のようになお愚直に、わが「沖縄」を語り、「六〇年」にこだわり、「永久書生」の心情から身を解き得ていないというていたらくで、我ながら、わが変わり身の遅さには、いまさらながらウンザリした次第です。

一九七二年五月十五日の「復帰」から十年。半日本人だった学生時代とはちがい、いまや小生も真正にして神聖なる全日本人なはずです。昔、小生がしたような、「沖縄」の悲劇の十字架を、わが身ひとつに背負い込んだような、悲愴なる使命感（ミッションス・イデー）に燃えるなどというのは、「復帰」後の沖縄人には似つかわしくない趣味のように思われます。なのになぜ、久方ぶりの諸兄との再開の場で、「沖縄」を語りたかったのでしょうか。

月並なことですが、時が経つのは、ほんとうにアッという間ですね。わが沖縄が、日本国家に再統合されてから、十年という膨大な時間が流れてしまいました。今年はその十年目の節目にあたるということで、ここ沖縄の地においてはもちろん、貴君の住む東京くんだりでも、チョイとした沖縄ブームが再燃しそうな雲行きとなりました。祭り好きの日本人（むろんわが沖縄人も含めて言っているのですが）のことです。ものごとのいちおうの区切り、終点をイメージさせる「十」という数の名のもつ不可思議な幻想力に乗っかって、「復帰十周年記念」などという政治的お祭り騒ぎが、左右の政治党派によって準備されています。陰険な支配のキバを秘めた政治戦略が、これら左右の潮流を赤い口で飲み込み、民衆の政治的表現を空しい民俗的営為に捕縛してしまう歴史の円環は、ついに閉じられることはありません。こうして、知らぬ間に民衆が「政治」にからめ取られ、いとも容易に支配の構造にわが身を連鎖させてしまう図式は、昔も今も変わるところはないようです。

「沖縄の本土化」を究極のテーゼとしていた沖縄の日本復帰運動は、当初から運命予定的に、「本土の沖縄化」をめざす者どもにたやすく手玉に取られ窃取される思想論理を内在させ、むしろ、それを維持発展させることで、沖縄民衆の熱狂的支持をかちえるという構造を拡大再生産してきたのです。異族たるアメリカによる裸の帝国主義的支配のもとでは、同族たるニッポンを猜疑せず、その政治的構造と社会的性格を深く問わず、ひとまずそれと一体化して、その後に、日本本土民衆の良質部分と連帯してゆくとした復帰思想は、一定の時代的根拠をもってはいました。しかし、復帰思想が前提としたような本土民衆の良質部分とは、所詮存在しようもない、空漠たる観念の産物にほかならず、それは、沖縄側のたんなる一方的な片思いにすぎなかったことは、昨今の沖縄の状況が明瞭にさし示しているとおりです。

沖縄とのかかわりの経過からして良質部分に属すること明白な中野好夫氏の、「かつて米軍統治下の沖縄において、いわゆるあの祖国復帰運動なるものの盛り上りを知り、わたしも微力ながら多少のお手伝いをしたつもり。だが、いまにしてその結果を反省すると、悔いとはいわぬまでも、実に苦渋にみちた後味がのこる。果してあれでよかったのかという一事である。……沖縄とのわたしの関わりは、結局として失敗ではなかったのか。それを思うと、深い悔いがのこるのだ」（「新沖縄文学」第四八号）という発言は多くの人びとを驚かせたでしょう。（例、本誌（「現代の眼」）八二年二月号、太田竜論文。拙著『沖縄少数派』三一書房のあとがきで同文に触れています。）

太田氏も中野氏ともども、「果してあれでよかったのか」と書かれていますが、いまごろになって、よくもそんなことがシャアシャアと言えたものだと思います。小生らは、すでに「それではいけない」ということを十数年前から言ってきたのです。（見よ、拙著六八頁。）

いま、沖縄は水飢饉にあえいでいます。制度や物ばかりでなく、自然の水さえ、日本国家の管理下におかれ、本土の体系や流儀や人間が完璧なまでに沖縄社会に浸透しつつあります。沖縄はすべてヤマトにハイジャックされちまったというわけです。これが、復帰思想の理想とした現実なら抗弁のしようもありませんが、沖縄で、沖縄の私たちが、すでに透視し編み終えた思想までが、いまごろ、ヤマト流の人間にしたり顔でハイジャックされるなんて、まったくシャクな話じゃあありませんか。

日本国家による異族平定作業の裡に胎動する〝沖縄自立〟論

M君、沖縄の水飢饉は、その後、チッとも好転しません。雨は降る降る沖縄の島々に、当地の新聞は、そのたびに、各地の降雨量を書きたててはいますが、ダムの底に水はたまらず、海へ流れ出るしくみになっているらしく、貯水率にさしたる変動はないようです。ちょうど、いくら膨大な財政支出をしても、金は沖縄社会に滞留せず、すぐ日本本土＝ヤマトへ還流してしまうように……。

見た目には、たしかに、道路はよくなり、学校が建て替えられ、「復帰」後の日本政府による財政支出は、一定の効果をあげ得ているように思われます。しかし、それらは、すべて、なんらかのかたちで、沖縄の軍事基地の維持確保という政策的要請と連動したものにほかなりません。軍用地料を、従前の十倍以上に引きあげ、防衛施設庁の「基地周辺整備資金」を、気前よくバラまくことで、軍用地主たちの結束にクサビを打ち込み、反軍平和の思想を枯死させ、民衆のたたかいのバリケードは、ひとつ、またひとつと自然解体の状況にたたき込まれています。

日本国家による、そうしたバラマキの構造は、さなきだに弱い沖縄自治の基盤を掘り崩し、その瓦礫の上に、保守政治の強固な軌道が敷き固められ、沖縄の政治地図は、予見されたとおり、確実に塗り変えられてしまっています。

「革新」県政の崩壊＝西銘保守県政の誕生は、その極限の政治的表現にほかなりませんでした。「復帰」十年。いまや、西銘県政を縦横に利用することによって、日本国家による、〝異族〟＝沖縄の〝平定〟作業は、なお、若干の逆風の抵抗はあるものの、全体としては、順風に乗ずる勢いとなっています。

こうしてここ沖縄のひとや物、そして風景までが、すっかりヤマトの国、政府、資本の影のもとに、スッポリとつつみ込まれてしまいました。制度の一体化や、テレビ等のマスメディアを通じて、時間と場所の障害は取り除かれ、沖縄民衆の思想と行動のモノサシが、ヤマト、とりわけトーキョウに置かれ、また、政治的には、トーキョウが、「復帰」前の、アメリカ国ワシントンの位置を承継しているにすぎないかのようです。

アメリカ占領支配の時代の風景は、十年の歳月のあいだに、さびしく消えてゆく。懐中にドルを潜ませて、肩で風を切っていたアメリカ人にかわって、ヤマト流れの役人や商売人やノーキョウ観光がカッポする。ヤマトふうの衣装をこらした飲み屋、食べ物屋、喫茶店が氾濫する。ほとんど無意識のうちに、ヤマトふうの鋳型のなかに流し込まれる生活習慣。沖縄固有の、非ヤマト的なるもの、たとえばユタ※の存在への盲目的な反情の急速な台頭……。

ユタ問題についていわゆる科学的精神からすれば、すでに俎上にのぼすべきだったはずのことを、どうしていまごろになって、ここ沖縄の地で、事新しく問題視されねばならないのか。論者たちはユタとそれを支える民衆の〈暗愚〉を攻撃する前に、おのれ自身の知的怠惰＝退廃をこそ問責せねばなりますまい。強烈な反天皇制的毒を含むユタそしてその生棲を許す社会的土壌は、骨の髄まで天皇制思想の病根に冒されているヤマト体制にとっては〝平定〟に抵抗する逆風のひとつに相違はありません。ユタのごとき異風な目の上のタンコブは、近代的精神とか、科学的精神とかという、もっともらしいお題目で討伐するにしくはない。だがそれも、オカミじきじきにシャシャリ出なくとも、討伐は、したり顔の「革新」的文化人や女人政治屋の助っ人にまかせておけばよい。

一事が万事、「復帰」によって、沖縄社会は分断され、沖縄人をして沖縄人とたたかわせるというヤマトの戦略は、全戦線において、ほぼ成功的に遂行されています。この〈代理戦争〉は、主任制の制度化・施行をめぐって、教育の現場で、そして今年（一九八二年）五月十五日期限切れの軍用地の収用手続きをめぐって、県収用委員会において展開されています。〈固き土を破りて、民族の怒りに燃ゆる島、沖縄よ〉と肩を組み、こぶしを、ふりあげた島ぐるみのたたかいの熱き思い出は、沖縄人どおしの罵倒と憎しみの修羅場にかき消されてしまいました。

かくてヤマト国家が、リモコン感度良好の状態で、沖縄のヤマトへの統合過程をのぼり切り、沖縄の土地の自由なる使用権を掌中におさめるという、まさに体制的安定期のこの数年、いろいろなかたち、いろいろなところで沖縄の自立論議が、息を吹きかえしたように、高まっています。ここで、自立という言葉には、ヤマトからのたんなる文化的あるいは精神的独立のみならず、自然の生態系とフィットした人間の生き方、地域の復権を構想する経済的＝政治的独立を含むグローバルな歴史認識を含意させて使用されているようです。

時代が混沌、閉塞するとき、沖縄には必ず、なんらかのかたちでの、独立の思想が語られてきました。

戦後間もないころの保「革」両方の独立論。近くは「復帰」直前、一部経済人らから発想された独立論の瞬時の台頭……。しかし、これらは、いずれも、歴史認識の射程の短い、あるいは、おのれの利益護持のための退嬰的なうたかたとして、歴史のかなたに消え去りました。

だが、この数年来出てきている〝沖縄自立〟への模索の動きは、そのような系列とは切れた異質のもののようです。ヤマト国家の現在の政治的安定、経済的「繁栄」の体制下で、しかも、沖縄ごとき辺境でそんなできごとは、たしかに知識人のヒマにまかせたユートピア遊びと受けとられかねない一面ももってはいます。しかし、井上ひさしの『吉里吉里人』がベストセラーになるという民衆の心象風景は何を語っているのでしょうか。貴君のように、東京という資本主義の中心部で生きている者には、おのれの人間存在が、周辺化させられている悲惨なる姿は見えにくくなっているでしょう。しかし資本主義の周辺部としてしか生かされない沖縄人のごとき〈マージナル・マン〉（限界人）には、逆に、歴史の鼓動は伝わりやすいのでしょうか。沖縄タイムス社刊の「新沖縄文学」第四八号は、二つの憲法私案を提出し、また、過日那覇でもたれた〝自立〟シンポジウムの記録が社会思想社から近日出版と聞いています。

※本書一四九ページの注記参照。

沖縄人の、沖縄人にたいする闘争は琉球共和国の羊水となるのだ

M君、東京は住みあきたなどと気の弱いことを言ってくれるなョ。小生にしても、そんなに元気があるわけではないのです。核攻撃がはじまった瞬間、標的中の標的沖縄は、まず、日本最初の蒸発地域になること、うけあいですが、ヤマト＝日本の機能の中枢、情報の心臓部が集中している東京だって、ほとんど同時刻に消去される運命にあるのですから、日本国じゅうどこに住もうと同じことです。

反核の動き、風雲急を告げる勢いですが、核戦争による人類絶滅の危険は、以前から自明なものとしてあったはずですが、いまごろ右も左もハンカク、ハンカクと騒ぐ光景ばかり見せつけられると、コレニハ、何カ、ドデカイ反革命的大謀略ガカクサレテイルゾとすねてみたくもなります。元気がなくても、すねたくなっても、「ソノ日」まで、私たちはガンバルしかありません。人生

の持ち時間がだんだんなくなってきましたが、時間切れまで、せいぜい時間を有効に使いたいものです。お互いに。

前号で、わが沖縄の自立構想の若干の動きについてお知らせしましたが、胎動しているのは、じつは論ばかりで、論の彼岸に横たわっている現実という暗くて深い河を思うと、少し暗澹たる思いにかられてしまうことがあります。

論の胎動が、同時に、たとえば、沖縄自立行動隊（?）というような行動の胎動をともなっているとすれば、それは、いわば現実的な動きということができます。昔なつかしい丸山眞男ふうにいえば、思想と行動があると言えます。しかし、考えてみると、ある思想と行動が、同時的にひとつの歴史社会に登場し、時代の心をとらえて生成発展するということは、きわめてまれなことであって、歴史とはいつの場合でも、思想と行動のこのズレ、不一致の悲しい繰り返しであざなわれてきたのではなかったのか。そんな気がします。

ときに、思想なき行動のみがひとり歩きし、あるときは、行動なき思想のみがひとりひっそりと棲息する。それはそれで、それだけでも意味のあることかもしれません。長い時間の流れのなかで、思想なき行動が思想を胚胎し、行動なき思想が行動を湧出させせないということは、だれも断言できないからです。その意味で、沖縄自立とは、ただ、いまのところ思想や論にとどまっているとしても、それほど悲観することもないわけです。

しかし、どう気楽に考えても、わが沖縄＝琉球共和国が、「吉里吉里」国みたいにうまくいかないことは、ひた走る軍国日本のふたつのさきもり〈防人〉＝自衛隊と文民官僚の巧妙果敢なる政策と力の、手レン手クダを思えば、明白です。

そのヤマト官僚が、いかに有能にして老獪《ろうかい》なるかを、みごとに立証してみせたのが、法人たる那覇市や（個）人たる反戦地主らが管理・所有する未契約米軍用地の強制使用権限を、県収用委員会という地方自治の一機関を存分に利用して、ヤマト＝日本国家に獲得させた手続過程でありました。

県収用委員会の裁決が、なんと、四月バカ、エイプリル・フールの日に出されたことが、すべてを語っていると言ってよいでしょう。裁決の対象となった土地を含め、「基地沖縄」の象徴たる沖縄のすべての軍用地は、アメリカ軍の沖縄占領と同時に、あるいはその後の朝鮮戦争等の国際的軍事情勢の波動をかぶって、銃剣とブルドーザー、あるいは、米軍の一片の布告、布令で強奪されたものにほかなりません。つまり、「契約は守らるべし」とはいえ、守るべき契約ははじめから存在せず、「はじめに不法ありき」という点にこそ、沖縄の軍用地問題の全秘密が隠されているわけです。

ところで、あの偉大なる「七二年核抜き本土並み返還」後も、ヤマト政府は、日米安保体制下、沖縄の軍用地を、アメリカに提供する条約上の義務を負いました。そのため、ヤマト政府は、公用地暫定使用法を制定し、契約に応じない反戦地主や那覇市の所有・管理する未契約軍用地の強制使用権を取得しました。同法は、のちに、効力期限が五年から十年に延長され、今年（一九八二年）の五月十四日に期限切れとなるのです。

ここで、期限切れ後も、ひきつづきこれら反戦地主等の土地を、アメリカ軍に強制使用させるためには、違憲の批判を覚悟で、国権の最高機関たる国会において、審議・立法するのが、建前でありましょう。しかし、そうなれば、仕上げに近い沖縄〝平定〟作業に一頓挫をきたし、沖縄がふたたび、日本政治の台風の目と化すこと必定です。ヤマト政府官僚は、賢明にも、そのような愚策をとらず、問題を沖縄県の一行政委員会内の論戦に倭小化する巧妙な戦術に出たのです。すなわち、那覇防衛施設局は、一昨年の十一月から、米軍用地収用特措法にもとづく強制使用手続きに着手、内閣総理大臣の認定後、昨年十月までに、延べ十八施設、約七十二万平方メートルの広大な未契約の強制使用裁決申請を、県収用委員会になしました。

ところで、それより前に、すでに西銘保守県政は、屋良「革新」県政時代の収用委の委員を、総入れかえして準備万端あいとのえていたのです。その手まわしのよさには、舌をまくほかありません。おそらく、県議会において、どの「革新」政党も、収用委員会にこの日のあらんことを見通して、これら委員の任命にケチをつけたことはありますまい。

こうして、きわめて反戦＝反軍、つまり憲法闘争の実質をもつこれら反戦地主らの行動を、沖縄という一地域の行政委員会の手続きのなかに密封し、所期の目的を達成したヤマト国家は、安堵の胸をなでおろしたわけです。

西銘保守県政を縦横に操作することによって、ヤマト国家による沖縄〝平定〟の作業が順調に進められている構図のイデアル・ティプスを、ここに見ないわけにはまいりません。

ヤマト官僚は、自らは何ひとつ手出しせず、自らの手をよごすことなく、沖縄人をして沖縄人とたたかわせ、高見の見物をしておればよいわけです。

沖縄人の沖縄人にたいする闘争、これは、観客席からみても、悲しい光景ではありました。しかし、この〈内戦〉体験の累積が、わが琉球共和国の羊水たらんこと、疑いえません。良薬口に苦し。

沖縄復帰記念「祭」前夜――足元の核基地・沖縄に反核勢力は振り返れ

M君、きょうは、五月十四日、そう、十年前の五月十五日にあの偉大なる「七二年核抜き本土並み」というかけ声で実現させられた「復帰」の十周年記念日の前夜にあたります。

予想されたとおり、5・7政治的お祭り騒ぎの熱気がいよいよ身近に、ヒタヒタと押し寄せてくる気配が感じられます。

熱気はまったくちがう二つの方角から伝わってきます。右側からは「祝賀」、左側からは「抗議、糾弾」という異質の熱気が……。

この熱気にあてられたかのように、極東随一の嘉手納基地から飛び立った、名も知らぬアメリカ軍戦闘機が、轟音をとどろかせて、わが家の上空を、いずこへか消えてゆく。五分もたたないうちに、逆方向から嘉手納基地へ向かう別機の爆音がドロドロドロドロと尾を引いて、今日はなぜかとくにひどい気がするのです。

佐藤・ニクソンの共同声明で、「核抜き」返還が合意されたと解説され、三億二千万ドルの日本側の対米支払いには、その核撤去の費用も含まれているなどと政府は説明しました。だから、タテマエ上は、核は撤去されていることになっているわけでしょう。ところがその後の一連のアメリカ政府高官らの発言によって、核疑惑はますます強まりました。

そして核専門部隊の存在など現実の在沖米軍のありようを日常的に見聞している沖縄の民衆は、だれひとりとして、核の存在を疑う者はいないでしょう。分断され反対エネルギーの弱まった沖縄民衆に挑戦するかのように繰りかえされる実弾砲撃演習。沖縄基地の実態は、日米安保体制下にガッチリと組みこまれ、いささかの揺るぎもありません。在日米軍・基地の七二％を占める在沖米軍基地は、沖縄本島の二〇％の土地を占拠したままです。

核と同居を強いられ、日常的に爆音などの基地公害を甘受している沖縄民衆の現実にこそ、日本の反核勢力の目は注がれなければなりません。その点、体制の側は、反基地感情を封殺するために、膨大な基地対策経費を湯水のように使い、札束で地主の反戦＝反基地感情を緩和・消滅させるという、きわめて有効な対応をしています。

だが、体制に反対する側は、ヨーロッパの核状況、反核運動の高まりには、敏感に呼応するわりには、足元の自国内の沖縄の核状況については、あまり関心をお示しにならないようです。

これを、新しい沖縄差別だとは思いたくありませんが、私たちはやがて、東京に核を！　沖縄市民連合のムシロ旗でも押したてて、貴君らにせまることになるかもしれません。

反核署名、おおいに結構です。ここ沖縄の地でも、ブームのように、種々の分野で反核アッピールが出されています。四月下旬に、法律家の反核アッピールも出ましたが、新聞の呼びかけ人名を見てわたしはオヤッと思いました。そのなかに、四月一日に未契約米軍用地の強制使用裁決をした県収用委員会の会長の名前もあるではありませんか。核貯蔵基地への使用を許す裁決と反核の意志表明とは、明らかに矛盾します。役職者としての立揚と個人の思想とは別箇のものだ、反核は思想・党派をこえた問題だと言ってしまえば、それまでのことですが、そのようなマンガ的な風景をあまり多く見せつけられると、〈反核〉をかつぎまわる多くの善良な市民の内実までが、疑問視されてくること必至です。

さて、例によって中央＝東京の新聞やテレビを中心としたマスコミは、復帰十周年記念特集を、にぎやかに組んでいます。早くから、大量の取材班が沖縄に投入され、取材合戦がくりひろげられました。そうしたなかで、沖縄の「自立」「自決」、「琉球共和国」構想などというのが、はやり言葉のように乱舞しています。それらの言葉の震源地としてのささやかな、一端の役まわりを演じた者としては、ちと面映ゆい気がしないではありません。

しかし、それらの言葉は、復帰十年という現実のなかで、「復帰」のもつ意味が明確に析出開示され、日本国家の時代閉塞の現状に絶望し、絶頂の極みで退路を断たれたかたちの沖縄の民衆運動＝復帰運動が、ようやく意識し出した新たな歴史的指標として、登場した言葉＝思想のような気もするのです。

さて、西銘保守県政は、すでに昨年（一九八一年）に、復帰十周年行事推進本部を設置し、五・一五の「記念式典」を中心とした記念事業の取組みを準備してきました。そしてその記念式典には、閣僚を含めた六十人以上の政府要人らを含めて県内外から千五百名の招待客が、那覇市民会館に集められることになっています。

他方、県内の労働、民主二十八団体は「復帰十年沖縄闘争県民会議」を結成し、那覇市民会館横の与儀公園で、「復帰十年、平和な島をつくる5・15県民大会」を開催し、復帰の内実を問い、政府の沖縄施政を糾弾する久方ぶりの統一した大規模集会を予定しています。そのほか、大小のセクトやグループが、それぞれの方法で復帰十年の沖縄の現実とかかわる取組みをしているようです。また、昔なつかしい平和行進団も、本土代表も加えて、県民大会へ向け、本島各地を行進中です。

そして県警は、県警本部長を本部長とする千三百人規模の5・15警備本部を設置、空港や米軍、自衛隊基地のチェック、監視体制に入っています。

本日の「沖縄タイムス」夕刊の報道によれば、中核派十七名がすでに沖縄入りし、右翼も県外から二十二団体、八十三人が十六台の宣伝カーで沖縄入り、きょうの早朝から宣伝活動を開始したとのことです。

「祝賀」「糾弾」というこうした潮流とは無縁の、圧倒的多数の沖縄の民衆は、十年という歳月の流れの早さに戸惑いながら、ただ日常の生活を繰りかえすことで、表面上、この政治的お祭り騒ぎを、しらけた表情で「無視」しているかに見えます。

これらは、十年前の五・一五の風景と同じ構図のようですが、沖縄の地底で、沖縄自立という水脈が、大きな流れに変わろうとする予兆が隠されているかのようでもあります。

沖縄甘やかし論・革新版がついに登場「何が沖縄だ」総評幹部発言

昨日六月八日の、ロッキード＝橋本・佐藤の有罪判決を聞いて、日本もいよいよおもしろくなってくる気配を感じたのは、小生だけではなかったでしょう。

ひとつの時代の終わり、だれもまともに見通しをもっていない次の時代への過渡期としての性格をますますはっきりさせてきたのが我々の現在のような気がしています。

政治の腐敗を、国民も政党も裁断しえず、法廷という狭く暗い場所にしか〝正理〟はかろうじて生きながらえていないという日本の悲劇的な状況を、昨日のロッキード判決が逆説的に照射したにすぎません。

体制の末期的症状の顕在化は、表面的な安定のなかに隠されてはいるものの、その「安定」の皮膜の深部では、死にいたる病が、かなり進行していると思わざるをえません。日一日とせまり来るロッキード被告人田中角栄にたいする判決宣告の前後に、日本の動乱のひとつの時代的きわみを迎えるのが必至となれば、おもしろみも倍化するというものです。

そしてある日突然、気がついたら、日本が「ポーランド」になり、東京が「ワルシャワ」に変貌していたというふうな、きわめてドラスチックなかたちでの歴史の簒奪が敢行されないという保証はどこにもないわけです。

ともかく、我々は、これまでの思考ワク組みを、いま一度バラバラに解体し、馴れ切った感性を転換させ、眼のなかのチリを払う思想的作業を意志的に続けなければ、チョッと手前の時代さえ見ることができなくなるでしょう。そういう意味で、今度の総評幹部の発言は、ヤマト「革新」にたいするわが沖縄人の意識下の甘えの構造を痛撃して、その思考ワク組みの虚実をみごとに剔抉し、わが沖縄人の眼のなかのチリを払ってくれた比類なき思想の学校となりました。

「復帰」前後、奸計を秘めて、異民族支配下の沖縄にさかんに秋波を送っていた日本政府や政財界のエライさんたちが、「復帰」後そのウマミをしぼり取って目的をはたすや、一転して、「沖縄を甘やかすな」などと歴史を忘れた小役人的恫喝をわが沖縄にかけてきたことは広く知られた事実です。

しかし、沖縄人多数派の考えでは、そのような潮流は、ヤマトの保守側のきわめて一部の、心ない者たちの寝言にすぎず、まともにとりあうべきものではないとされていたようです。それは、つまり、ヤマト＝本土には、〝沖縄の心〟を十分理解しえている圧倒的多数の良心的民衆、革新政党、労働者組織が沖縄をガッチリとサポートしている、と暗黙のうちに前提してきた「復帰思想」の歴史のヘソの緒は、いまだ切れていないことの反映です。

沖縄人多数派が頼みの綱ともしてきた日本最大の労働者組織、総評の幹部の口から、こともあろうに、「何が沖縄だ」という発言が飛び出し、ここ沖縄内にするどい衝撃波を呼びおこし、二大県紙も社説で取りあげるという騒ぎに発展しました。

ことのいきさつは、核廃絶五・二三東京行動の日に東京で開かれた原水禁国民会議全国委員会での出来事です。「同委員会では原水禁広島、原水禁長崎大会の取り組みのほか、今後の反核運動について協議した。（沖縄）県原水協からは福地曠昭理事長が出席、福地理事長が『広島、長崎大会につづいて九月に沖縄大会も開く。協力をお願いしたい』と本土代表の派遣要請したところ、総評の限元寅教国民運動局長が『昨年の総評交流団の派遣、五・一五に尽力した。原水禁沖縄大会まで取り組めない』、さらには『何が沖縄か』とまで言ったという。この発言をめぐり福地理事長とかなりの激論を交わしたという。」（一九八二年六月四日付「琉球新報」）

「原水禁大会は復帰前から開催され、沖縄、広島、長崎と大会を継ぎ、核の悲惨さを全国に訴えている。昨年は六月に開き、広島、長崎へと継いでいった。今年の沖縄大会は、昨年十一月初旬の原水禁九州ブロック会議で開催決定。県原水協は十一月二十日の第二十回定期大会で運動方針に組みいれた。さらに、今年二月二十三日の全国常任委員会で、九州ブロックと沖縄が開催要求をし、三月二十二日の原水禁全国委員会で運動方針としてとり入れた。だが、この原水禁全国委の閉会あいさつで、常任理事である総評代表が『沖縄大会はやらない』と発言。以来、原水禁国民会議も開催方針が揺らいでいる。九州ブロックは、沖縄開催を再度確認しているが、五月二十四日の全国委員会では、沖縄開催が議題からはずされた。」（同日付「沖縄タイムス」）……とまあそういう次第なのです。

国連軍縮特別総会などという多分にお祭り気分の各国首脳のおしゃべりの場には、大挙遠征する日本の反核勢力の主翼＝総評が、アメリカ核戦略の拠点となった足元の基地＝沖縄にコミットできず、支配者類似の沖縄無視論をぶちあげるとは……。

これはたんなる個人的、偶発的一過的なレベルの発言ではありえません。

考えてみると、ヤマトの保革双方にとって、これまでの沖縄はアンタッチャブルな〝聖域〟でさえありえました。

「保」にとって「日米安保のキーストーン」、「革」にとって「世界平和のキーストーン」という形容名辞の違いこそあれ、沖縄問題は双方の政治ゲームの恰好の争点たりえました。

だが、「復帰」で沖縄は「国内化」、「沖縄問題は終了した」との体制世論が成功的に一般化しつつある現在、ヤマトの〝沖縄離れ〟は必然のもの。

ヤマトへの永久告発者として亡霊のように徘徊する沖縄の現実は、ヤマトの保革双方に、うとましい存在に変質してきたということで、彼らの沖縄への愛想づかしは本音でしょう。

だが、すでにわが沖縄少数派のヤマトの愛想づかし宣言もじつは完了ずみなのです。

いわく「われわれはもうホトホト愛想がつきた。好戦国日本よ、好戦的日本国民と権力者共よ、好むところの道を行くがよい。もはやわれわれは人類廃滅への無理心中の道行きをこれ以上共にはできない」（沖縄タイムス刊「新沖縄文学」四八号「琉球共和社会憲法C私（試）案」前文）と……。

沖縄史抹殺——辺境から聞こえるファシズムの跫音

M君、いよいよ夏本番、昼中ばかりか夜明けまで建物にとりついた亜熱帯の灼熱は消えず、家で読みものや書きものをしているかぎり、クーラー君にガンバッテもらわなければ、とても知的生活など沖縄では望めません。せいぜい、限りなく南方ボケをし痴的なマイホームに蟄居して、丈夫な男の子をたくさんたくさんつくり、カラダをきたえ、その日のために国軍=自衛隊や国警に潜入させるという貴君の持論をまねるつもりが、生まれる子は女ばかり……。げにこの世はままならず。

ところで、いつもいつも、仲宗根勇の沖縄少数派通信を受信してくれている由、感謝の言葉もありません。生来、沖縄人ダマシイに満ち満ちた小生は、大和人など信用する心の余裕などさらさらなく、近寄ってくる者は、たいてい公安の犬かそんなたぐいの、うさんくさい扱いを受けることは必至なわけです。

だが、原則には例外があるのが論理学のタテマエで、中央の民たちのなかに貴君のような例外的存在をあまた知友にもてばこそ、まつろわぬ辺境の民が中央の民たちに引導を渡すルビコンをわたれない、渡らないひとつの精神的ブレーキともなっているというわけなのです。

もともと辺境という、英語のフロンティアの語源(front)は、名詞として、前部、前面、前方、正面、地先などという意味がまずあり、動詞としては、何かに向かう、面するということで、多数の国家が入り組んでいるヨーロッパでは、国家と国家が接触し合う国境線の部分を指示する言葉であったことに疑いはありません。

日本にもこうした国家のなかの辺境概念は、日本古代からあったそうです。

高橋富雄氏（教育社歴史新書〈日本史〉十三）は、そのもっとも古い用例として、『日本書紀』景行天皇四十年夏六月条にある「東夷多く叛きて、辺境騒ぎ動《とよ》む」をあげ、そのほか『続日本紀』宝亀十一年（七八〇）五月十六日条に出ている「狂賊常を乱し、辺境を侵擾す。烽燧、虞多く、斥候守を失う」を辺境用法の古代文献とされておられます。

いずれにせよ、今も昔も、国家が辺境とかかわるとき、そこには必ず国家の軍事的関心が秘匿されていました。辺境の軍事性は不変の国家論であったわけです。

「国家形成史そのものが動く辺境史であった」（前掲書）とすれば、ひとつの国家のなかの辺境は、時代によって変動するはずです。

日本古代国家にとっては、現在の中部、関東、東北、北海道が辺境だったとしても、現在の中部や関東をもはや辺境とよぶ人はいないでしょう。

しかしわが沖縄は有史以来いや日本国家に編入統合されてからというもの、日本の南の辺境たる地位を抜け出たことはありません。

十五世紀前半に成立した琉球王国が完全に死滅する一八八〇年（明治十二年）までの四世紀半ばかりは、独自の国家経営を続けていたわけですから、沖縄＝琉球こそが中央であり、世界であったわけです。戦後二十七年間のアメリカ支配時代も事情はほぼ同じだと言えます。

だが、明治十二年の廃藩置県からアメリカの占領支配までのたかだか六十五年間（復帰十年を加えても七十五年間）だけがヤマト世であったわけで、その期間は、戦後三十七年の倍にすぎません。単純な足し算引き算をしても、わが沖縄が「原日本国家」と「万世一系」でなかったことははっきりしています。沖縄の民は第二次大戦当時においてはまさに成りたての日本国民であり、ある意味での非国民にほかなりませんでした。

戦火をくぐった沖縄県民のなかには、「きさまァ、それでも日本国民か！」「非国民！」という恫喝によって、友軍たる日本軍によって防空壕を追い出され、食べ物を奪取され、家を焼かれ、はてはスパイ行為の名目で虐殺された者も多かったのです。『沖縄県史』をはじめとする多くの著書、証言によって、それは動かしがたい歴史的事実なわけです。ただいま、全国ヒット中の今井正監督の第二回目の「ひめゆりの塔」の少女たちは、沖縄戦で倒れた二十万人余の死者たちの象徴にほかなりません。

ところが、そのような自明の歴史、まさに沖縄近代史にとって、抜かすことのできない事実を、日本国、文部省が抹殺するという、おどろくべき事実が明らかになりました。沖縄戦における日本軍による沖縄県民虐殺の歴史をとりあげた日本史の高校教科書（実教出版ＫＫ）が、文部省の教科書検定の段階で、書き換えを命じられ、結局、全面削除となったことが報道されたのです。沖縄はいま、そのことで沸き立っています。自民党と官・財界、一部学者らによる教科書「偏向」キャンペーンは、国民意識を「戦前」のレベルに引き戻すべく、教育内容にまで介入し、他方では、右翼を使って、日教組大会を分断する。

時代はいままさに、国家総動員体制へ向けての有事立法、さらに右翼団体の進めている「スパイ防止法」名目での戦前の「機密保護法」の復活→マスコミ統制への布石の準備などなど、教育以外の分野でも「戦前」復権の動きが急展開しています。

いま、マスコミは、まったく自由に論陣を張りえているかのようです。しかし、歴史は繰り返すという先人の警告を無視してはならないと思われます。

時代がたしかに、ある危険な方向へ流れていることは、誰もが感じていることです。でも、誰もひとりで引きかえそうとか、「赤信号みんなで渡ればなおこわい」と言い出せないままに、ズルズル引きずられていったのが、戦前日本の道行きにほかならなかったとすれば、現在を生きるわたしたちは、何を、どうすればよいのか。

かつてはまともだった人間や組織が、いつのまにか、バスに乗り込んでしまい、あたりを見わたすと、おのれひとりだけがバス通り裏にたたずんでいたというような恐怖の風景に耐えうる人間が、いまの世にいかほどいるのか。そのとき、幾人の桐生悠々を、わたしたちはもちうるのか。いや、それよりもなによりも、これからのわが沖縄の命運やいかに?

時節柄、お体を大切に。かくも多くのわがM君たちよ、また会う日まで、アデュー……。

復帰十年に思う――不可視の〈国境〉のなかから

男と女ではないが、ヤマト・ヤマトゥンチュ（日本・本土系日本人）とウチナー・ウチナーンチュ（沖縄・沖縄系日本人）のあいだには深くて暗い河が、不可視の〈国境〉のように厳然と横たわっていることを、砂をかむ思いで再三再四、再認させられたのが、「復帰」十年の沖縄人の歳月ではなかったのか――。

復帰十年の感懐を編集者に問われて、何故か、まずわたしの脳裏に浮かんだのは、野坂昭如氏唄う「黒の舟唄」（桜井順作詞作曲）のなかの男と女のあいだには深くて暗い河がある……というセリフでありました。

「復帰」後満十年にあたる五月十五日に向け、〝祝賀〟と〝糾弾〟、あるいは〝無視〟とさまざまな形相をともなった、ひとつの政治的喧騒のボルテージが、日増しに高まっています。

十年前、「復帰」の評価をめぐって、大きく分けて二つの見解がありました。そのひとつは、「復帰」は、異民族支配から脱却し平和、民主人権、福祉で満ちた日本国憲法への道を目的とした偉大なる復帰運動が、日米両国からかちとったものだとする、主流的な沖縄人多数派の復帰論でした。もうひとつの非主流的な沖縄人少数派の考え方は、「復帰」は軍事基地の安定的確保のため、日米両国によって仕組まれた手段の体系にほかならず、沖縄の民衆にとっては、過去の琉球処分と同様、強いられた歴史の現代的再現にすぎないとする、反復帰論でありました。前者が、いわばドグマ的な〝勝利〟史観に立っていたとすれば、後者は、いわば懐疑主義的な〝敗北〟史観に発していたと言えましょう。

しかしながら、沖縄人にとって「七二年復帰」とは何であったのか?というラディカル（根本的）な設問にたいする、いちおうの暫定的な解答は「復帰」十年の沖縄の「現実」のなかに明瞭に開示されていることだけは、確実なことです。「十年」という数字は、初等数学あるいは思考経済上は、たしかに節目としての意味があるとしても、十年一日以降が即、異質の時間になるはずがなく、歴史は昨日に続く今日としてゆるやかにしか流れない以上、十年は、悠久の沖縄史からすれば、短期的すぎます。暫定的というゆえんです。

さて、「復帰」十年――。この十年のあいだに沖縄のもろもろ・沖縄の風景は、いったい変わったのか、変わらなかったのか。変わったものがあるとすれば、それは何であり、何故に変わらなければならなかったのか。

一番変わったものは、なんといっても、人間的風景でしょう。つまり、「復帰」前の沖縄の街々を肩で風を切って闊歩していたベトナム景気のアメリカ兵にかわって、いまでは、年間二百万人近くのヤマトゥンチュ観光客が、沖縄で〝異国〟情緒を楽しんでいます。

人数にしてほとんど「復帰」前の十倍、基地収入をはるかに超える金を沖縄の地に落としています。大航空会社等ヤマト観光資本を公然たる仕掛人とする、〝紺碧の海〟、〝陽光輝く南の島〟のイメージで売り出されている観光沖縄の大キャンペーンは、しかしながら沖縄の暗部・矛盾＝軍事基地やＣＴＳの重圧を押し隠すイチジクの葉ともなっています。

ヤマトの観光資本は、古きよき〝沖縄〟を保持しつつ、ようやく光明の見え出した農業に、自立の拠点を模索しようとしている先島等の離島にまで、その触手をのばし、それに呼応するかのようなな、わが内なる〈ユダ〉たちの躍動も聞こえてきます。

白保東海域に新石垣空港建設計画をすすめている石垣「革新」市政は、金武湾ＣＴＳの軌跡に学ぶ必要があります。陸海にわたる自然破壊、生態系の攪乱、農漁業等の生存基盤の喪失、地元に金は落ちず離島苦解消につながらなかった悲惨な歴史に……。いったいに観光産業ということばがありますが、本来、観光を産業たらしめてはならないのです。しかし、二次振計（振興計画）で県は、観光産業に産業の比重を移動させる雲行きです。

人間の風景の変貌は、観光客など一時的滞在者によるばかりではありません。千社以上のヤマト商社の駐在員、転勤組の諸公務員、新天地求め乗り込んだヤクザ、暴力団、チンピラ、ヤマトで食い詰めた破産者や一旗組、犯罪者、そうした有象無象を含めた本土系日本人が、沖縄社会で群れています。

こうして、すっかり〝ヤマト世〟となり、ヤマト＝沖縄の〝混在社会〟となった沖縄社会の生活習慣までが、すっかりヤマト化されてしまっています。

昔なつかしき〝沖縄タイム〟は、セカセカした分きざみの時間感覚のなかで滅び去り、反ヤマト的な毒を秘蔵した、ユタなど特殊＝沖縄的なものを討伐する〝近代主義者〟たちが氾濫するという現今の風潮は、こうした日本人化社会への思想的へつらい以外のものではありえません。島社会には島社会の時間があり、神がありイズムがあっていいはずです。

すべての時代において、〈支配者の思想が支配的な思想である〉ことの、沖縄社会の今日的表現と言えましょう。

沖縄の自然と風土も、この十年間で、かなり変わってしまいました。その象徴的な姿を、CTS基地化され平安座、宮城島を中心とする金武湾一帯のなかに見ることは容易なことです。「復帰」直前、屋良「革新」県政が、与勝海上公園を封殺し、CTS建設のための公有水面埋立を許可し、生活者たる地域住民の住民運動と鋭く敵対、彼らを排除してきた一連の過程の映像は、怨念のように忘れえません。(かつての沖縄「革新」のシンボル、そして復帰運動の「一将」=屋良朝苗氏は、復帰十周年の今年(一九八二年)の春、勲一等旭日重光章なる叙勲を受け、「功成って」人生の花道をお飾りになられました。)

沖縄振興開発計画にもとづいて、日本政府は、この十年間に、道路、学校施設、空港その他の公共事業に一兆円以上のカネを注ぎ込みました。この大量の財政資金によって、たしかに道路や学校施設は整備され、また、アメリカ統治下での制度的欠落部分、年金や保険などの社会保障制度なども導入され、軍事占領下の裸の支配から憲法の実定的保障下に入った人権面など、「復帰」後のいちおうのプラス面に数えられるでしょう。

こうした視点からみるかぎり、「復帰」にかけた沖縄人多数派の期待は、裏切られなかったと言えそうです。最近のNHKの県民意識調査の結果、六三%の人びとが「復帰してよかった」としている現実的根拠は、このへんにあるのでしょう。

しかし、「核抜き本土並み」返還という、当時の佐藤政府のうたい文句とはうらはらに、「復帰」

後の沖縄は、ますます強固に、日米安保体制下の軍事戦略に組み込まれ、復帰時点での在日米軍基地面積の五三%を背負わされ続け、軍事基地は量的質的に再編強化され、県収用委員会の裁決に見られるように、軍用地をめぐる社会的紛争は、沖縄人と沖縄人が闘い合うという分断された沖縄社会の縮図を露呈させました。

「復帰」の国家的関心が、軍事基地の安定的確保にあったと同様、「復帰」後の政府の対沖縄政策の基軸に、沖縄基地が据えられていることは、もはや疑いようがありません。

那覇防衛施設局の発表によれば、「復帰」から昭和五十六年までの十年間の基地対策経費は、五三四〇億円をこえ、そのうちの五二・五%にあたる二八〇六億円が軍用地料です。従前の十倍以上といわれる軍用地料の引上げは、社会的には惰眠化政策として機能し、兄弟姉妹などの共同相続人間の紛争を惹起させ、地域・血縁共同体を崩壊させるという直接的効果のほかに、間接的に近隣地価を暴騰させ、個人のマイホーム取得、自治体の都市計画の阻害要因を生み出しました。

不労所得で肥え太らされた精神には、戦争体制へ向けて、いま国家が強いている戦争への除夜の鐘の音の鼓動は伝わりません。

地方自治の面から言えば、基地周辺整備資金をバラまかれる地方自治体は、その財政基盤を、ますます中央＝国家の軛《くびき》につながれ、憲法による地方自治の制度的保障は、すでにして財政自治の一角から掘り崩されつつあります。

こうした政治戦略を秘めた補助金導入とその結果たる公共施設事業数を誇り、中央直結をとなえる保守系候補の瞞着で、各地各種の選挙戦で、革新側は敗退に敗退を続けています。

だが、こうした膨大な財政資金、観光収入、基地収入は、沖縄市場へ進出してきたヤマト資本に吸い取られ、ほとんど沖縄社会に滞留せずヤマトへ還流してしまうという経済構造が固定されています。そうした大企業と関係役人との癒着、企業間談合の疑惑は、すでに報道されたとおりです。

公共事業に下請的に寄生した建設業とサービス業の一定程度の繁盛の現象はみられるものの、沖縄の一人当たりの県民所得は、なお本土の七割台にしか達せず、失業率も本土平均の約三倍。昨年八月三十日、総理府が調査・発表した沖縄県民の意識調査でも、暮らしの満足度は、「満足」五一％（全国六二％）、「不満」四七％（全国三七％）で、本土との格差は歴然としています。（一九八一年八月三十一日付「朝日新聞」）

さて、こうしてみてくると、「復帰」によって得たもの、失ったもの（たとえば教育委員の公選制など）のバランスシートは、それぞれの個々の沖縄人のおかれた位置によってちがったものになりそうです。

こうして、利害を対立させ、嫉視を昂進させることで、みごとに分断された民衆の前に、自衛隊と官僚の鉄壁が高く固く立ちはだかっています。その存在を誰も疑えない、核を内蔵した軍事基地は、鉄の網や法、そしてときとして超法規的な網によって、奥深く保護されています。

かつての島共同体の〝島ぐるみ〟闘争の伝説は、神話と化してしまっています。「復帰」によって、沖縄の民衆はまたしても「玉砕」したのでしょうか。七割以上の基地否定者の住む沖縄の復権は、いかなる理念と構想のもとで、出発されねばならないのか。

基地を質入れしての「利子」生活、飼い殺された生活にグッドバイし、沖縄自立に向けて、ヤマト・ヤマト「国家」→沖縄のワク組みを喰い破る沖縄人の思想的感性を転換し鍛え研く歴史的作業が、沖縄人自身によって、まなじりをけっして、いま、始められねばなりますまい。

十年後の「復帰」二十周年記念の日、沖縄人は、どのように生き、あるいは生かされているのでしょうか？

復帰十年の軌跡——表層と深層を考える

「五月祭」

「あなたは、十年前、『日本国民になることの意味』という本紙の連載企画にお書きになり、そのなかで、かなりシビアなことを言っておられる。復帰十年を経たいま、あのときの言説をどう考えておられるのか。同様なことを××さんや○○先生にも書いてもらうつもりです。なんなら、そのときの新聞のコピーを送りましょうか」というU記者の電話の声には、いつもの親しみをこめたセッカチさはなく、妙につき離した、よそよそしい落ちつきがありました。その拙文は、私事ながら、昨年出した拙著に収録するさい、あたったばかりではあったものの、「いえ、コピーはよろしいです」とつい口走ったのは、いまにして思えば、電話口のあの落ちつきはらった声に、言論の自己点検を迫る、ひとつの思想的脅迫のひびきを聞き、オロオロしたというわけだったのでしょうか。いやいや、そんなイジの悪い思想的脅迫や恫喝《どうかつ》などではなく、あちこちでいま準備されている、今年(一九八二年)の五月祭、別の名を、復帰十周年記念「祝賀」、あるいは「糾弾」という政治スケジュールのマスコミ版にすぎないのではないのか。そういえば、このごろ東京からかかる電話は、きまって、五月祭用の原稿依頼ではないか……。

しかし、U記者の意図は、そのどちらでもなく、十周年記念などという、いわば表層的な雪崩現象から超然として、表層雪崩が続いてもなお変わらずに残る、沖縄という岩肌の詩と真実を描いてみよ、というあたりにあるらしい。古証文を突きつけるのも、そのためではないのか。そう思いなおしてみると、さすが「沖縄タイムス」、十年間もの長い歳月、ひとりの人間の言論の責任を追い、凝視を続けるとは、と敬服と戦慄の入りまじった複雑な念を禁じえません。

囲い込まれる無念

さて、十年前の昭和四十七年五月三十一日から三日間、わたしが書いた本紙の切り抜きには、「復帰報復と無告の民衆の怒り、一時的利敵行為を乗り越え〝打倒〟へ」(五月三十一日)、「民衆エネルギーを無化、〝革新〟への徹底的批判を」(六月一日)、「精神を呪縛する日本的秩序との対峙へ」(六月二日)、などと勇ましい活字が踊っています。それらの標題や小見出しは、編集者がつけたものではありますが、わたしの文章の内容から離れてはいません。

読み返してみて、つねに何かにたいして、〝怒り〟の矢を放たずにはおれない、若気の情熱ばかりが鼻につき、自分たちとはかかわりのないところで決定されてしまった「復帰」によって、「国民」のなかに囲い込まれた無念さが感じられます。

「企業と自衛隊に島を追われる(沖縄)『民族大移動』の波が、北へ向けて流れ、『故郷喪失』したジプシーたちは、ヤマトの最下層労働に転落する。牧歌的な沖縄社会の分解という無慈悲な『近代化』の過程は、国家的な視野から全社会的に断行されるだろう」という予見はみごとにはずれました。「復帰」によって、沖縄が過疎化するだろうというのは、当時の政治・経済的常識に属していたし、その道の多くの専門家もそう見ていたでしょう。しかし、一部離島に過疎の波は襲っても、沖縄全体としては、人口は減らず、依然として、百万余の人間をかかえています。

状況は変わっていたか

「沖縄の民衆にとって、敵に力をぶっつける手前で民衆のエネルギーを一点に抱き込み、その無化作用をこととする、いわば〝内なる敵〟を構成する不可視の支配の構造を撃ち……プソイドとしての『革新』を切開し剔抉《てっけつ》し縫合する営みを経ないかぎり、状況は創出できないだろう」との「革新」打倒の呼びかけは、保守県政誕生後の重い現実のなかでは、ドンキホーテ的な色彩をおびてしまっています。しかし、「革新」県政が続いていたら、はたして状況はいまと変わっていたでしょうか。

過日の収用委員会の裁決はなかったでしょうか。他方、「異民族＝アメリカの支配に、あれほどまでに精神的、物理的に抵抗し異議申し立てをしてきた私たちは、日がたち、ヤマト世が根を張って定着すれば、そのとき、過ぎしアメリカ世をある種のなつかしさをもって、思い起こす日がやってくるにちがいない」という予想は、ピタリ現実化しました。そして「五月十五日を転機に、真綿で首をしめるように、巧妙かつ陰険に、一ミリ一ミリ、沖縄の民衆の自由と権利を覆滅するであろう日本の資本と国家の司祭者たち＝資本家、役人、学者先生や『文化人』たちは、鼻にかかった日本語をバラまきながら、ニコニコ顔で、沖縄の人間と土地と空気と水、民衆のものいっさいを、さまざまの手を尽くし、いろいろな回路を通じて食いつぶし、彼らの吸血的渇望を求めて動きまわるだろう」というのは、いま、まさにわたしたちの身のまわりで、現在進行形で展開していることにほかなりません。

「復帰」十年。沖縄は、日本国家のなかで、軍事要塞としてしか生かされず、軍事の効用のうえからの湯水のような財政支出で、ブロイラーのように太らされ扼殺される構造が、いよいよ頑強に打ち固められつつある、と言えないでしょうか。

沖縄'82論壇

なんとも腹だたしい一年だった。いままさに、田中軍団によって「簡抜」された中曾根内閣の、美しき言葉をちりばめたよろいの下から、これまでの保守本流のタブーだった改憲と軍拡への決定的挑戦の意志が、ほの見ゆる時代となった。

ひとりの刑事被告人の復権へのあがきが、日本資本主義の危機乗り切り（財政破たん、外交防衛）をめぐる体制内確執の主動因となったという、おそらくは日本政治史上空前にして絶後の、驚くべき政治ドラマの進行を、主権者たる圧倒的多数の日本国民は、ただ観客席で座視するよりほかなかった。

ここ沖縄の地においても、「軍団」の戦略は成功的に遂行され、沖縄「革新」の甘い幻想は、完膚なきまでに打ち砕かれた。こうして、第二次西銘保守県政は、盤石の船出をはたし終えたばかりだ。そして県民多数の自衛隊アレルギーの鎮静化＝反戦反軍の平和思想の枯死をめざす自衛隊の街頭進出（〝開庁記念〟パレード）も、赤旗と日の丸が交錯する怒号のなか、機動隊に守られつつ、ついに強行された。

ジワジワとどこかへ追い込まれている。沖縄もヤマトも、そして世界史目体が……。そうした不安といらだちの意識が急速に広がっている。

この、やばい現状況を、沖縄とかかわる今年の論壇を回顧するかたちで、かなり本格的に論じてほしいという編集者のご依頼にこたえるには、能力、時間、資料の三つがすべて欠けている。したがって、わたしがさしあたりできることは、今年わたしが目にし記憶にとどめた資料の範囲での沖縄にかかわる言説を、印象批評風、しかもきわめてわたし好みの独断と偏見をとり混ぜ、裁断すること以外にはないのである。

問われた復帰十年

「復帰」した一九七二年五月十五日から、満十年が経過した今年は、沖縄にとって、重要な節目にあたる年とされた。その十周年を記念する政治的熱狂が、未曾有の水飢きんにあえぐ民衆とは無縁のところで、一定の政治的思惑を秘めて早くから準備されつつあった。

「復帰」を「祝賀」する西銘保守県政は、すでに昨年、「復帰十周年行事推進本部」を設置し、五・一五の記念式典を中心とした記念事業の取組みをはじめていた。その日が近づくと、県警には、県警本部長を本部長とする千三百人規模の五・一五警備本部が設置され、空港や軍事基地内外のチェック、監視体制が強化された。

他方、「復帰」十年の内実を「糾弾」する側には、極小派のプロパガンダを除き、事前の目立った動きはほとんど見られなかった。

だが、新聞、雑誌、出版、テレビなどを中心とした内外のマスコミは、企画の照準を五・一五におき、早くからにぎやかな復帰十周年記念特集を組み、大量の取材班を沖縄に投入した。沖縄の物書き・知識人の多くが、東京の名の通った大新聞や雑誌の編集者たちから、多くの原稿依頼やインタビューの電話を受けたはずだ。「復帰」で終わり死んだはずの「沖縄問題」が、にわかに蘇生した感があった。

それらのうち、最大のマスメディア「朝日新聞」の力の入れ方が光っていた。「復帰」十年目にはいった昨年、「沖縄タイムス」の協力で、「復帰」評価の世論調査をした「朝日」は、すでに昨年四月三十日から四回にわたって、沖縄の現状報告をした（「十年目の沖縄——ゆれる軌跡」）が、今年の五月四日から、「新沖縄報告・復帰から十年」と題するレポートの掲載をはじめていた。

しかし、わたしには、その多くに、表層だけをなぞった、隔靴搔痒《かっかそうよう》の思いを禁じえなかった。「沖縄」をあまり勉強していない若い記者の未熟さのゆえか、あるいは、あわてて取り出した「沖縄問題」という錆《さ》びたナイフの使い方にとまどったのか。

その点、もっとひどかったのは、表紙に「琉球共和国とヤマトの間」ときわめて魅惑的な大活字をおどらせた「朝日ジャーナル」五月二十一日号であった。これは、まさに羊頭を懸《かか》げて狗肉を売る、と言っても過言ではない題名にほかならなかった。

そのころ流行《はやり》の「琉球共和国」という、いわばひとつの政治思想語を、前年夏発行の「新沖縄文学」第四八号（特集「琉球共和国へのかけ橋」、沖縄タイムス刊）から導入、借用しながら、記事の内容と題名はズレっぱなしのままだった。

広がった「新沖縄文学」第四八号の波紋

発行前から注目され（「朝日」八一年五月三日付）、「琉球共和社会憲法」と「琉球共和国憲法」という二つの憲法私（試）案を含んだ「新沖文」第四八号の特集は、ただちにヤマト本土で反響をよんだ。まず、八月十七日の「朝日」夕刊〝今日の問題〟欄が「独立宣言」と題して取り上げ、まだベストセラーになっていなかった井上ひさし『吉里吉里人』との発想の共通性にいち早く注目した。『吉里吉里人』より若干早く発行された「新沖文」は、ヤマトの知識人の心を高鳴らせた。昨年十一月二十日、二十一日の両日、イリノイ大教授平恒次氏、長野大教授中村文夫氏ら学者・文化人ら内外多数の参加のもと、那覇で開かれた「復帰十年――沖縄自立の構想を探るシンポジウム」で、沖縄経済研究会の中村敏男、比留間淳一の両氏が両憲法私（試）案に関して問題提起をした。同シンポの記録を中心に『沖縄自立への挑戦』（社会思想社刊）が、復帰十周年記念出版として出された。

今年に入って、「新沖文」の投げた波紋はますます広がった。かの太田竜氏（評論家）は、雑誌「現代の眼」二月号で、「復帰十年目に公表された琉球共和国憲法私案を読んで」という論文で両「私案」をかなり詳細に検討しつつ、思い入れの強いメッセージを書いた。

「新沖文」はひきつづき、その第五一号で、「琉球共和国構想への提言」という小特集を組んだ。いれい・たかし、増尾由太郎の両氏が、それぞれの視角から、琉球共和国構想への思いを語った。

つづく最新の五三号で、「新沖文」は、ついに「沖縄にこだわる――独立論の系譜」という第二弾の本格的特集を組み、過去の歴史に登場した数々の沖縄独立運動とその思想の解明に踏み込んだ。川満信一、新崎盛暉、仲宗根勇、平良好児、大田静男、島袋邦、平良良昭、太田良博、仲程昌徳、岡本恵徳らが、埋もれた歴史を発掘・再解釈し、歴史の暗部に光をあてた。

＊

何故いま、ユートピア思想か

大部の『吉里吉里人』が長期間のベストセラーになり、最近の丸谷才一『裏声で歌へ君が代』が読まれる民衆の心象風景は、時代の何を語っているのか。

とくに、沖縄に限って言えば、「新沖縄文学」の前述の特集が、あたかも誘導したかたちで、流行語のようにマスコミをにぎわした〝自立〟という言葉にかけた民衆のイメージは、どのようなものとしてあったのか。

まぎれもなく、〝自立〟というのは、「復帰」の内実にたいする否定的指標として呼び出された言葉にほかならなかった。そうした状況認識の延長線上で、「新沖文」の特集が編まれたことは、ほとんど自明のことである。つまり、「復帰十年後の沖縄でこのような論議が提起される背景には、日本に対する絶望がある。日本の党派に完全に系列化されて、独自の発言や政策を発しえない沖縄内部の政治に対する告発がある。それは、復帰後の政治情勢に対する絶望的な反証としてあると同時に、核基地の強化と資本、文明の侵入による民俗社会のこれ以上の崩壊に歯止めをかけたいとする認識である」（いれいたかし著『沖縄人にとっての戦後』、朝日新聞社）。そしてまた、それがユートピア遊びにすぎないのではないか、との批判にたいしては、「もともとユートピア思想というのは夢想や幻想ではなくて、現実にたいする切迫した、またトータルな批判意識の所産」（丸山眞男「近代日本の知識人」、『後衛の位置から』所収、未來社）にほかならないという反批判が対置さるべきであろう。

「新沖文」第五三号は、八ページに及ぶ詳細な「沖縄自立・独立論関係図書目録」をつけることによって、沖縄の自立思想の基層の厚さを明らかにした。

さて、〝自立〟思想を意識して発行されたものをアトランダムに拾ってみる。まず、雑誌「法律時報」増刊号「復帰十年の沖縄白書」（日本評論社）は、日弁連による沖縄人権報告書を中心に編集されたが、総論の終章は、「自治と自立」というものであった。

雑誌「地方自治通信」二月号（地方自治センター）は、総合特集・「復帰十年と沖縄の自立」で全巻をつぶした。また、雑誌「インパクション」一七号（インパクト出版会）の特集、「独立をめざす国内植民地・沖縄」中の論文、「沖縄復帰十年と共同体社会主義の構想」のなかで、原田誠司氏は、『「新沖文」四八号の二つの憲法草案は、反復帰派知識人の沖縄解放の理念と構想が込められている」と評価した。比嘉良彦氏は、同特集で、「沖縄自立論序説」を展開している。

急転回した世界政治

年頭には予想だにしなかった多くのことが、今年、世界のあちこちで生起した。

ポーランドを二重権力状態寸前まで追い込んだ独立自治労組「連帯」が、まさに希望の絶頂にあったとき、「新沖文」第四八号の「琉球共和国憲法F私（試）案（部分）」中の「注釈」が、すでに予感し書き刻んだとおり、ポーランドの春は、ヤルゼルスキ軍政とそのバックにひかえる外国勢力の力によって圧殺された。

他方、西ヨーロッパ、とくに西ドイツを中心として燃え立った反核運動の熱気は、ニューヨークの国連軍縮特別総会をつつみ込み、生き残りのための人類の希望を世界的な規模で広げた。

フランスでは、社会党のミッテランが大統領に当選。こうした自主管理、分権型社会主義運動の前進は、ギリシャ、スペインに引きつがれていった。そしてソ連のブレジネフの死とアンドロポフ体制への移行。一年足らずの短期間に、世界政治の構図は、急速にぬり変わったのである。

日本国内の反核運動も、広島、長崎、東京など各地で燃えたが、国内の反核勢力の目をいま一度、足元の核基地＝沖縄に向けさせる必要があった。玉野井芳郎、豊平良顕、牧港篤三氏らを中心とする「平和をつくる沖縄百人委員会」の諸活動、その反核アピールは、沖縄の良心、「いわば現代の日本の内部の第三世界の声」（鶴見俊輔著『戦時期日本の精神史』岩波書店）の健在を示した。

＊

火を噴いた教科書問題

夏の盛り、七月四日の「沖縄タイムス」一面トップ、そして同じく七月八日の「琉球新報」は突如、驚天動地のショッキングなニュースを伝える——。「高校教科書から全面削除—日本軍による住民殺害—沖縄戦の重要な事実—執筆者の修正案も認めず」（「沖縄タイムス」）——「事実抹殺図る文部省―教科書の沖縄住民虐殺削除―修正経過で鮮明―『検定』の在り方問題化」（「琉球新報」）……いわゆる教科書問題の発端である。このニュースに接するや、わたしは雑誌「現代の眼」に連載中のコラム「仲宗根勇の沖縄少数派通信」の、最後の契約原稿、「沖縄史抹殺――辺境から聞こえるファシズムの跫音《あし》」を書きあげ、急いで東京の編集者へ送りつけた。

だが、ヤマト本土の世論の反応は鈍く、知識人たちもまだ眠っているかにみえた。新聞では、「教科書さらに『戦前』復権へ―文部省、高校社会中心に検定強化、『侵略』表現薄める」、「押し寄せる『国定化』」（「朝日」六月二十六日）などと書いてはいても、それが、一般的な危機感として広く共有されているわけではなかった。まして、沖縄の住民虐殺などは、まったく視野の外に置かれていたと言ってよい。ところが、沖縄では、県労協、沖婦連、沖教組など八民主団体で組織する「民主教育をすすめる沖縄県民会議」が、六日、「文部省による不当な教科書書き換えに抗議し、教育の国家統制に反対する」声明を発表、多数の知識人、学者、社会運動家が次々に批判の意思を表示し、新聞は競うように社説で書き、特集記事を載せた。沖縄は、文字どおり、「教科書問題」で沸き立ったのである。

はじめ北京発の外電の伝える中国政府の反応は、新聞の片隅の一、二段の雑報記事としてあらわれたにすぎない。しかし、七月末から八月にかけ、中国や南北朝鮮、香港、タイ、シンガポール、フィリピンなどアジアの国々の日本批判は日ごと高まり、ついに外交問題に発展していった。と同時に国内政治問題化の磁場も拡大深化されてゆく。その反射的効果によって、日本軍による沖縄県民虐殺の歴史的事実も、多くのヤマト民衆の耳目に達することができたのであった。

「教科書問題」は、日本人の心の底に沈でんしている歴史観、国家意識のありようを、改めて照射し、さまざまな問題を噴出させずにはおかなかった。だが、なによりも、それによってあばかれたのは、ヤマト本土の沖縄観であった。つまり、外国からの抗議で、外交＝国内問題化するまでの、沖縄にたいする文部官僚の居丈高な対応・沖縄無視の姿勢は、外国の抗議の副次的効果としてしか、変化しなかったことである。知識人とて例外ではない。

八月五日の「朝日」に、「怒りを過ぎての情けない話――教科書検定問題のこと」を書いた中野好夫氏にしてからが、文中で沖縄戦での県民虐殺に触れてはいるものの、それは、ご本人が認めれているように、「この問題が国際化して火を噴き出した」あと書かれたものであった。

しかし、「教科書問題」は、沖縄の〝外〟側にあるヤマトのもろもろの病根のレントゲンとなったばかりではなかった。沖縄の体内にもまた、その体全体を食い破るガン細胞が潜伏していたのではなかったのか――。九月二十一日付の「琉球新報」社会面の記事（「住民虐殺の記述のない副読本―県内小学の九割で使用」）は多くの人びとにそのことを気づかせかつ驚かせた。沖縄の人間が、検定なしに自由に編集した沖縄史の副読本に、沖縄住民虐殺や沖縄戦の様相が正しく記載されないまま、六年間も問題視されず使用されていた。しかも、そのことを指摘したのは、沖縄内部の人間でない増尾由太郎氏（東京在住）であったのである。

氏は、「これは沖縄内部で提起され、議論されるべき事柄で、私のようなヤマトゥンチュがいうべきことではないと思うが……」と処女のように語りながら、「知的闘争術」を駆使し、すぐ、九月二十五日から六回にわたり同紙に「沖縄の内なる皇国史観――郷土史副読本が意味するもの」を掲載、論争を仕掛けてきた。はたして、その一月後、編著者の新里益弘氏の『沖縄県の歴史と政治』編著者の立場――増尾由太郎氏の批判に答える」が、五回にわたって掲載された。それから一週間とたたないうちに、増尾氏は、「金城幸福さんらに沈黙を強いたもの――『沖縄の内なる皇国史観』補論」を四回にわたって書き、再批判を展開した。論争はあまりかみ合わないままに、新里氏の論争打ち切り宣言で終わったかたちになったことは、読者としては、残念なことだった。

ただ、ここで記しておきたいのは、『祖国復帰』派的沖縄史教育の、古代から現代に至る、史実を無視した、それなりに一貫性のある歴史叙述の、よってきたる根拠と、それを許容し加担している新崎（盛暉）氏をふくむ（復帰派）沖縄知識人のあり方」を批判する増尾氏の問題関心は、沖縄少数派＝反復帰派知識人ばかりでなく、多くの、自由なる精神をもつ具眼の志士たちと共有しうるものであることは、ほぼ間違いない。そして「史実を無視して『祖国』といい『復帰』とよんだ思想の中に、沖縄の側から再び『住民虐殺』を呼び込む危険を原理的にはらんでいる」という指摘も、いまや新しいことではない。いまになってみると、皮肉なことだが、「教科書問題」がおこらなければ、知らなかったであろう、多くのヤマトの民衆も、日本軍による沖縄県民虐殺の歴史的事実をしっかりと胸に刻み込んだはずである。でも、それはそれだけのこととして終わるかもしれない。だが、沖縄の民衆にとっては、沖縄の地上戦体験は、いかなる力によっても壊死させられることはない。逆風が吹けば、ますます勢いをつけて、風にさからい、順風ならば、それをうまく手玉にとる、そうしたしたたかな民衆像が、今年もまた沖縄の表現者たちによって、表出された。中里友豪作・演出「ある半狂人（ハンブラ）の思い出」（劇団創造公演）、それに、カレンドリア詩祭団主催の「十二人の詩徒展」のトリを飾った名護宏英の作・島正太郎演出、詩劇「道」（吉田妙子、北村三郎、島正太郎、島正宏他出演）に共通してあるのは、沖縄戦で流された民衆の血の思想とでも呼ぶべきものであるように思う。

〈地域主義〉を超えるもの

今年はまた、例年になく種々雑多なシンポジウム、学会、研究会等が沖縄で開かれ、沖縄はもちろん、本土から多数の関係者が来県した。そのなかには、羊頭狗肉の感なきにしもあらずのものや、集会の真っ最中、講演者の真ん前で電気ヒゲそりの音ゾリゾリ鳴りひびき、夜の観光でイビキゴウゴウという斯学会らしい?学会も目撃はしたが、沖縄という土地の地域性に触れてもらうだけで、意味があることはあるかもしれない。しかし、こうした地域への思索ではなく、「地域からの思索」（玉野井芳郎）こそが、状況を超える思想的武器となりうるとしても、いったい日本国家の現在の枠組みを修正・変容あるいは解体することなしに、その〈地域主義〉は十全に貫徹しうるのか。エコノミー（経済）からエコロジー（環境）への価値観の転換は、思想的には異議はないものの、現存の制度的枠組みとの関係の処理の仕方こそが問われているのではないのか。そこに、自治労の特別県制構想と沖縄自立構想とのわかれ道がある。

政治家が美しき言葉を使い出すとき、ファシズムの魔手は戸口までしのびよっていたのが歴史の教訓だとしたら、いまこそ、「沖縄の場合は本質論に立たんと反戦平和の原点は守れんと思います」（玉野井芳郎著『地域からの思索』、沖縄タイムス刊、二七一頁）という豊平良顕氏（沖縄平和問題懇談会座長）の言葉の深さを、じっくり味わうべき時である。

'83回顧　思想

「人は、つねに正当性を思想的に確信してはじめて激しく行動する。人がどんな苦難にもめげず、状況の悪化にも屈せず、一貫して行動を継続できるエネルギーは、まさに思想のもつ本来的な機能なのである」（色川大吉『新編明治精神史』）。

そうした意味における時代思想、一九八三年の沖縄社会の精神風景は、いかなる構図として素描しうるであろうか——。

社会、相対的安定へ

「復帰」からすでに、十一年の歳月が流れた。時間という最良の社会政策が、「復帰」直後のあの社会的虚脱感を癒し、いまや、社会はある種の相対的安定期に入ったかのようだ。

各流各派の琉舞が隆盛をきわめ、沖縄芝居が再生の芽ばえを見せ（『琉球戦国史』の興行的成功）、学童たちが運動会でカチャーシーを乱舞し、もろもろの〈沖縄的なるもの〉が、全社会的に瀰漫《びまん》する一方で、〈非沖縄的なるもの〉へのタブーも弱くなってきた。沖縄⇄ヤマトという、かつての単純素朴な二元論的発想法は、もはや、流行《はや》りはしない。

ついこの前まで、沖縄の若き詩と思想は、シマ〈島〉社会としての沖縄の文化的個性、その前「近代」的精神共同体と無限抱擁を続けてきた。彼らにとって、じつに〝沖縄〟が〝世界〟そのものだった。〝世界〟が〝沖縄〟だった。〝沖縄〟を思想的拠点とすることで、ワールドワイドの戦略的視座を獲得しえたようにみえた。〝沖縄〟というのぞき窓からは、たしかに「日本が見え」た。世界が見えた。いわば、倨傲《きょごう》なまでの田舎ザムライの貌《かお》に孤高の志を見るがごとき、日本に冠たる沖縄の、孤憤の美学があった。集団陶酔としての「復帰」運動とその思想、そして個人思想としての反復帰論のそれぞれの底流には、そうした文脈が秘匿されていた。

昨年の本「回顧」で、わたしは、手にあまるほどの多くの劇的、思想的事件に触れた。沖縄にとって、「復帰」十年の節目のその年は、世界的にも日本的にも、構図の変動の激しい年だった。

だが、一九八三年――。沖縄にとって、いかなる思想的インパクトを表現した年だったのか。約言すれば、そこに「制度」はあっても「状況」はなかった――。そういう年であり社会であった。

ダイナミックな状況論を内包したかつての「復帰不安」は、昔語りにさえ出ず、社会は自足的でどこかけだるい退廃の気風をたたえて、スタティックな制度論に暮れてゆく。内奥の衝迫によって、「激しく行動する」風景はすでになく、社会全体が「時勢」に乗って漂流する。

「今日の日本の議会政治は、『地元の利益』の供与と有権者の投票とが、議会政治家のところでいわば商取引のかたちで、交換される仕組を基礎として運用されている」（京極純一『日本の政治』）としても、全国平均をはるかに突出する沖縄への膨大な財政資金は、沖縄社会に、その生産力をはるかに超える消費経済を許容し、勤労の醇風と思想の美俗を限りなく腐食させる。

各論的議論、文化各世界での百家争鳴、それなりの華麗なる賑《にぎ》わいは、むしろほろびぎわに狂い咲いたアダ花だとしたら――。

「けっしてひとつの理念が世間全体を支配することなどありえないのだ」（クルト・トゥホルスキー、野村彰訳『ドイツ　世界に冠たるドイツ――〈黄金〉の二〇年代・ワイマール文化の鏡像』）。

だが、かつて、多数派的沖縄は、「日本復帰」というひとつの理念のなかに統合幻想を見た。そうした「復帰」思想は、沖縄をひとつの精神的統一体たらしめる「台本」であり「演出者」であった。大団円へ向かって疾走中の沖縄の社会史的ドラマのどこにも、いまやいかなる「台本」も「演出者」も存在しない。「俳優」たちは、かつての沖縄芝居の口立風に、はっきりした自覚もなく、その日ぐらしのアドリブ「展望」を語るしか手はない。そのことは、二次振計とかかわる有象無象の政治的＝行政的「俳優」たちのみではない。あまたの思想的「俳優」たちもまた例外ではないことは、本紙の「情況83・原点からの問い」という公開書簡でストリップされた。現在と過去の沖縄の若き詩と思想のトレーガーたちの口ごもり、道標の見えない思想風景が雄弁に物語っている。だれも明日のことなどわからない。だれもかれもが、妙な自己韜晦《とうかい》に身をやつす。「世間は目的組織じゃないし理性の下僕でもない。世間は自由に楽しくやりたいのだ」（K・トゥホルスキー）とでもいいたげに〝こだわり〟にグッドバイしたかのような精神群像――。こうして言葉と思想が不能となるところに政治的・文化的もろもろの「英雄待望論」が胚胎する。

〝核兵器〟手枕に……

かつてスペイン市民戦争を民衆とともに戦ったG・オーウェルの経験は、『カタロニア讃歌』のドキュメントとなり、『一九八四年』という政治的予言の書となって結実した。

核兵器を含む彼の予感の大半は、八四年を待たずして、世界史上すでに現実化してしまっている。核兵器を手枕にスヤスヤ眠っている現代人が、あるとき、集団発狂しても不思議はない時代だ。

そうした時代だからこそ、シマ〈島〉社会の「夢」の新機軸を模索し、「そこには、清らかさ、悠々たる清貧に至上の価値をみる固有の文化がある」（一九八三年十月三日付「朝日新聞」「天声人語」）ことを、忘れない努力を意志的に続ける必要がある。「復帰」思想と反復帰論が、ともに「復帰」した沖縄社会になんらのプラスの「遺産」を残しえず、いかなる制度的投下資本ともなりえなかったがゆえに、この不能社会の時代転換のバネを「貘」になる地点からはじめねばならない悲劇的時代を引き受けるために――。

辺境に寄せる国家の関心——なぜ、いま首相訪沖なのか

（一九八一年）九月十四日に、日本国の鈴木首相が、ここ沖縄の地を訪れるということです。

内閣総理大臣（首相）は、憲法上、行政権の担当者である内閣の首長として、国務大臣の任免権や訴追同意権、行政各部の広範な指揮監督権など強大な権限をもち、ワン・マン的地位を保障されています。

鈴木善幸氏は、周知のとおり、大平総理大臣の突然の逝去を起点にした、自由民主党内の派閥力学の相乗作用のなかから、アッと驚くゼンコウさんといった感じで、総理大臣の座についた方です。それを当時のマスコミが、「タナボタ内閣」などと皮肉ったことは、記憶に新しいところです。

しかし、〝総理大臣のイス〟の出発がいかようなものであれ、ひとたびその地位についてしまえば、常識的に考えられているよりはるかに強力無比な力を、憲法上、手中におさめることができるわけですから、有象無象《うぞうむぞう》の政治「家」や政治屋さんたちのあいだで、はてしなく大臣病患者が増え続けるのも、ゆえないことではありません。

このような強力な権力者が、「復帰」で再編入十年足らずの、ニッポン国＝沖縄に、水戸黄門よろしく、御来駕あそばすわけですから、ただごとではありえません。

ここ沖縄の政治地図は、その権力者の来訪を契機に、思想や立場のちがいで、一挙に色わけされ、一日足らずの喧噪《けんそう》の嵐はウソのようにすぎ去って、歓迎・抗議いずれの勢力にも、徒労感だけを確実な置きみやげに、北方の旅人たちは、北へご帰還なさるに相違ありません。

日本各地の民衆のありようを、権力者が自己の目で確かめ、その結果を施政のなかに反映させるべく、その常住する首都＝東京を離れ、日本国の津々浦々まで行脚することは、とりたてて悪いことではありません。あらゆる社会的情報の起点が東京に置かれ、政治的権力が過度に東京＝中央に集権されている日本の現実を考えれば、政治の衢にある者たちが、〝地方〟と呼びならわされている奥深く豊饒な人間と自然の棲息する土地空間の風景に、おおらかな眼を注ぎ、自己の精神を浄化する努力を続けないかぎり、東京流の政治的ヒステリーの病は膏肓《こうこう》に入り、それがひいては、国家全体の方向をあやまらせることにもなりかねません。

その意味でわたしとしては、国家財政窮迫の昨今とは申せ、多大な出費を要するだろう、公務員・鈴木善幸氏の訪沖に、あえて異を立てるつもりはありません。そのかぎりでは、編集者のご依頼の趣旨に反して、なんら論評すべき問題ではないと思うのです。わたしとしては、沖縄の、限りなく紺碧に近い海と空とが、鈴木善幸氏の精神衛生に、なにほどかの好影響を与えんことを祈念するばかりです。したがって、わたし個人としては、鈴木善幸氏の沖縄での挙動を、徹底的かつ意志的に無視してかまわないと思うのです。

しかし、問題は、そこにとどまっていいのかということなのです。今度の鈴木訪沖が、公務員たる首相の、たんなる〝公務出張〟にすぎないものなのかという点です。

鈴木訪沖は、九月九日、十日の首相の北方領土視察とワン・セットされた政治日程だとされています。

首相の北方領土視察には、北方領土問題についてのソヴィエト連邦の強硬な姿勢にたいする国際的デモンストレイションの意味と、国内的には、北方領土返還の国民運動をはげます政治的底意が秘められていると思われます。

それでは、それに続く首相の沖縄訪問には、いかなる政治的意味がこめられているのでしょうか。国家権力の最高の執行者たちが、展望をもたずに、場あたり的な政策決定や政治行動の選択をするわけはないはずですが、どうも今度の鈴木訪沖は、唐突な感じをいなめず、もうひとつ釈然としないものがあるように思えます。

復帰十年目の現状視察を要請したのは、西銘県政だと伝えられています。しかし、一日足らずの沖縄滞在の日程を見ると、飛行機を使っての上空からの視察とか、南部戦跡参拝など、徹頭徹尾、「軍」事色が、行動の基調をなしているように見えます。

首相の北方領土視察と沖縄訪問。「内閣総理大臣は、内閣を代表して自衛隊の最高の指揮監督権を有する」（自衛隊法第七条）わけですから、総理大臣のこのふたつの行動に共通して見え隠れしているのは、「軍」事的示威行動たる性格にほかなりません。

辺境に国家の関心が移動するとき、すでに〝軍国〟への里程標は確実に打ち込まれつつあった、というのが、歴史の教えるところではなかったでしょうか。とすると、国「軍」の最高責任者による日本国の北の辺境＝北方領土と南の辺境＝沖縄への同時的な「視察」行動は、きわめて重大な歴史的意味をもつとみるのが妥当だと考えます。そうであるがゆえに、長期的な展望に立って軍国への道をめざす者たちによって、首相のこの「視察」旅行はそれ自体、きわめてポジティヴな意図を秘めた政治的シンボル操作のひとつとして、深謀遠慮のなかから慎重に選択された政策判断だと考えなければならないと思います。

いまの時代が、次の戦争の時代が着々と進備されている〝戦前〟にほかならなかったと後代の歴史書に刻まれないという保障は、なにひとつありません。わたしたちは、まずもって、このような時代への懐疑を心底のどこかに隠しもって、首相訪沖を見つめるべきではないでしょうか。

考えてみると、ここ辺境の地＝沖縄に、東京＝中央から、首相など国のおエライさんが来た時代は、沖縄にとって、ロクなことはありませんでした。昭和十八年、東条首相が来たあとの、あの「鉄の暴風」の惨劇。そして一九六五年八月、佐藤首相が来たあとの、この「復帰」の悲劇。

佐藤首相は、「核抜き本土並み返還」ということを喧伝し、そのことで、男の花道を飾ったわけです。しかし、昨今のアメリカ元高官の発言や現実の沖縄基地のありようを見ても、「復帰」の内実は、「核抜き本土以下返還」にほかならなかったことが、ほとんど自明の程度に、開示されています。すなわち、全国の米軍基地の半分以上を沖縄に押しつけ、県民を核と同居させておきながら、「復帰」後十年も経たんとするのに、県民所得は本土の七割に足らず、失業率は三倍近く、水さえも「湯水のように」使えない社会資本の不十分さ等々、政治と行政の怠慢と貧困ぶりは、とうてい「格差是正」どころのさわぎではありません。このことは自明のことであり、また沖縄の民衆にとっては、制限給水などただいま日常的に甘受している現実なわけですから、わざわざ実情視察などするまでもないことです。

かつて、「保守」と「革新」が、沖縄政治の主導権を争って、民衆に自己選択を迫ったころ、「格差是正」というテーゼは、主として「保守」の側の一枚看板であり、「反戦平和」というスローガンは、主として「革新」の側の専有物であるかの観を呈した時代がありました。

日本本土の政権担当政党である自民党と結びつき一本化し、それとパイプをつながなければ、沖縄は「イモとハダシ」の生活に逆戻りし、「格差是正」などおぼつかないというのが、「保守」側の論理でありました。

他方、「反戦平和」というスローガンは、構造化している基地収入と沖縄経済の矛盾的結合をどう解くかなど、かなりのアイマイさをともないながら、ともかく平和憲法下の日本の革新的な民衆と連帯し、平和の道を歩むことこそが至上の方策だとするのが、「革新」側の主張だったでしょう。「保守」の側の論理が、〝まず食うには〟という大人流の現実主義に立っていたとすれば、「革新」側の主張は、食うことより一段上の〝生きること〟という青年的な理想主義をふりかざしていたと言えるでしょう。

発想法や言葉使いのちがいこそあれ、両者が共有していた視点は、あらゆる意味で、沖縄がひとり立ちするには、どうすればいいのかという、わが〝ウチナァ〟（沖縄）連帯の思想にほかなりませんでした。西銘順治氏がかつてよく口にした「ヤマトゥンチュにまけるな」という俗流沖縄ナショナリズムは、多くの選挙民の心をとらえたはずです。なぜなら、その発言には、沖縄をヤマト日本との対抗的関係のなかでイメージする青年の情熱が、脈打っていたからです。

しかし、「復帰」後の沖縄の現実は、「イモとハダシ」論の虚構をあばき出した反面、「反戦平和」の無力さもまた、白日のもとにさらしました。そして沖縄連帯の思想は、壊死しはて、「保守」も「革新」も、それぞれの本土の本「家」や本「店」の党や派組織の分「家」筋や支「店」群に身を定め、かつての〝民族の怒りに燃えた島〟沖縄は、分断社会と化してしまいました。「保守の内ゲバ」「革新の分裂」というのは、「復帰」という毒樹に実った同質の果実にほかなりません。

ところで、鈴木訪沖は、政治的に分断された沖縄に、一時的にもせよ、かつての沖縄連帯の思想を蘇生させずにはおかない雲行きとなりました。

「保守」は「保守」で、鈴木訪沖の裏でチラチラする田中軍団の影などにはおかまいなく、各党各派閥が大同団結して、歓迎団体に加わるでしょうし、「革新」は「革新」で、日頃のいがみ合いをふりすてて、昔なつかしい「県民総決起大会」を懸命に盛り上げるに相違ありません。

どちらも必要なことであり、不可欠なものにちがいありません。来年で期限が切れる沖縄振興開発特別措置法等の期間延長、沖縄特例の存続などは、二十七年にわたる異民族支配、そしてなお現在にいたるまで核を含む軍事基地の十字架を背負っている代償として当然すぎるものであります。そして「軍国への道をひたぶるにめざしているかにみえる、昨今の日本国家の現実を考えれば、「訪沖」の「軍」事的側面を警戒し糾弾することも、しごくもっともなことのように思われるからです。

「東京に原発を」という運動は、東京でパイプをくゆらしながら、原発賛成を弁じたてているセンセイたちの脳天を直撃するパンチ力をもっています。同じように、沖縄の民衆は、「東京に核を」という対置によって、沖縄に「甘え」ているヤマト＝日本の官僚や人間を撃ち続ける権利を留保しえるはずです。

だが、これまでのところ、「保守」が〝陳情〟すれば、「革新」が抗議というかたちの〝逆陳情〟をするというふうに、陳情政治のパターンは崩されてはいません。陳情政治がまかり通っているということは、民主主義の自閉症状は重いということなのでしょう。このような陳情政治の悪循環のなかで、官僚たちは太り、空虚なカラいばりは増長される。こうした陳情政治の悪しき典型が、鈴木訪沖のなかで演じられるのは、わたしには耐えがたい光景のように思えてなりません。

（一九八一年九月十日）

5・15異見——私的状況から

初めての奄美旅行

過日、ちょっと奄美大島を旅する機会があった。地理的には、すぐ近くの島なのに、はじめての奄美旅行である。

考えてみると、「本証明書添付の写真及び説明事項に該当する琉球住民仲宗根勇は留学のため日本へ旅行するものであることを証明する。一九六×年○月△日　琉球列島高等弁務官」という奇妙な文章が付された「日本旅行証明書」なるパスポートを、後生大事にかかえ込みつつ、名瀬の港に途中寄港した本土航路の三等船室の暗い船底で、奄美の空気と人びとのざわめきに触れたのは、はや、二昔も前のことである。飛行機など夢のまた夢だった当時、上京と帰省の足は、すべて船だったのだ。

何度もチャンスはあったはずなのに、不思議なことに、学生時代、一度として奄美の地に降り立つことはなかった。それのみか、停泊中の船の甲板に出て、あたりの光景をキャッチするという、ささやかな運動エネルギーを費やす試みすら、ついになすことがなかったのである。それは、船酔いのひどいわたしの体質ばかりのせいではなかっただろう。

占領支配のいびつな時代精神は、沖縄の人びとの貌《かお》に暗い影を落としていた。北なるヤマトへ向から「琉球住民」は、なぜかみんな無口で、待ち受けているこれからの「外国」での不安な生活に、固く身構えているふうでもあった。学生や集団就職の少年少女や商人風情の大人たち。そうした船客たちにとって奄美の地は、いまだヤマト＝日本ではなく、そこは、元「琉球住民」の住む同胞の地にほかならず、水平線のかなたに桜島が見え出すころから、「外国」へ入「国」する緊張感は、いやがうえにも高まりはじめるという次第なのであった。

異質性発見の旅に

戦後、万単位の数の奄美の人びとが、仕事を求めて沖縄に渡った。一九五〇年代の米軍基地建設工事ブームが、その主動因である。一九五三年の奄美の日本復帰後も、彼らの多くが、ここ沖縄の地に残り、そこで働き、生活の基礎を築いてきた。だが、奄美復帰を境に、彼らは、法的には、「琉球人」でなくなり、「オオシマンチュ（大島人）」とよばれる日本人＝外国人」に突如変貌する。「祖国復帰」に救済願望をかけた、当時の植民地人たる「琉球住民」の目には、いち早く占領支配を脱し、一足先に幸せ（＝日本復帰）を手に入れた彼らが、まさしくあこがれの象徴のように映じたであろう。とはいえ、奄美とそこに住む人びともまた文化的には、まぼろしの「琉球国」の不離一体の構成部分であり、歴史のイタズラによって、よその行政区画の中へ「強制連行」された血を分けた長き別れの同胞《はらから》にほかならないという、くくりかたが、一般の沖縄の民衆意識でもあっただろう。

琉球文化圏としての基層文化の同質性への素朴な信仰、それこそが、若き日のわたしをして、奄美の地を素通りさせた最大の要因であったにちがいない。大島は沖縄と変わりはないさ。そのうち行けばよいさ、と……。だが、今度の短い旅は、その信仰を揺るがせ、むしろ両者間の〝異質性〟の発見の旅となった。

奄美大島の、海ではなく空の港に降り立つや、わたしのなかに、意外かつ異常な感情が走った。アレッ、ここは、沖縄のどこかの小さい離島の空港ではないのか。だが、平屋建ての建物には「奄美空港」の文字が見える。機体から建物に近づくと、たしかにそこには、南島人特有の、大陸的でのんびりとした、やわらかい表情をたたえた人びとがまばらに群れていた。

奄美の日本復帰から三十年。日本復帰＝鹿児島県大島郡の復活・再生は、奄美の島々に何をもたらし、あるいはもたらさなかったのか。日本政府は奄美の人びとのために、何をなし、あるいはなさなかったのか。そうした問いへの解答が、空港に着いた瞬間、一挙に告知されたような思いであった。

非情な山々は海のすぐ近くまで迫り、海岸線と山中を、狭くけわしい道路があえぐようにつながっている。大型車同士が対向すると、場所によっては、道は、昔なつかしき、かのカヤウチバンタ※の「戻る道」に変身する。

苛酷な差別を強要

バスの窓から目に映る墓の形は、沖縄の亀甲墓などとはちがう、まぎれもなく日本本土のものだ。宿の夕食には、沖縄料理のスヌイといっしょに焼きリンゴが出た……。ここは琉球でも薩摩でもない独自の文化空間をもつ世界なのだということをこうして、したたかに思い知らされた。そして言葉や立ち居振る舞いまでが、どこか鹿児島的なところが、奄美の歴史の複雑さを暗示している。

首里王府支配下のナハンユ（那覇世）を経て、一六〇九年以降の薩摩藩の直轄支配、そして明治から今次の敗戦にいたるまで、奄美諸島は、長期にわたり、鹿児島県の一郡を形成してきた。

そして戦後から復帰までの八年間は、沖縄同様、米軍の軍政下にあった。その短い歳月こそ、思えば、琉球弧全域の近代琉球人たちが、不幸な支配体制下においてとはいえ、はじめて、共通の歴史空間を共有しえた夢（悪夢であれ何であれ）のような時代ではなかったのか。

だが、奄美復帰によって、「非琉球人」とされた奄美人は、ここ沖縄の地で公職を解かれ、沖縄の公務員たる資格を剥《はく》奪され、奨学制度の適用を除外されたばかりか、沖縄人同等の納税義務を課されながら、参政権は与えられないという、まさに悪夢のような苛酷な差別を強いられたのだった。巨大な米軍権力と対峙し、外部に向かって被差別告発のこぶしを振りあげた沖縄の民衆運動は、こうした足元の現実を放置したまま、みずからの内なる差別思想を撃つ自己批判の精神をついにもちえなかったのであった。

またまた、5・15復帰記念日がめぐってきた。十周年の昨年（一九八二年）はなんともにぎやかで、昨年のいまごろは、「祝賀」、「糾弾」のそれぞれの街頭行動、記念集会、マスコミの奔走で沖縄は喧騒をきわめていた。

だが、十一回目の今年は、かなり様子がちがうようだ。主流的な運動組織が大がかりな記念集会をもつとか、「沖縄特集」を組むマスコミ関係者が大挙来沖したとかというニュースも伝わってはこない。昨年の「五月祭」の騒がしさは、まるでうそのようだ。一、一〇、一〇〇などという区切りの機能をもつ数字にたいする人びとの物神崇拝は、どうやら生活の知恵となって、生活空間を支配しているばかりでなく、政治の世界をも規定するものであるらしい。

兄がバッサリ殺《や》られた日→アニバッサリ→記念日という連想ゲームではないが、そもそも「記念日」というものには、どこか、民衆の歴史的敗北のイメージがつきまとう。「勝者」、たとえば、「革命」によって権力を掌握した者たちの、その権力の正当性を宣伝するための「革命記念日」や個人史的な「記念日」(「結婚記念日」、「受賞記念日」など)等は別にして、たいていの歴史的「記念日」というものには、「敗者」や「弱者」の属性が刻印されているように思える。「勝者」や「強者」には、本来、「記念日」なぞ、無用の長物なはずだ。ちなみに、日本政府が、「憲法記念日」を祝わなくなって久しい。

「復帰」後の沖縄が「勝者」でも「強者」でもなく、まさにその反対物にほかならないとすれば、そのよってきたる〝原郷〟=〝元凶〟を思いおこす「記念」の作業は、繰り返し繰り返し間断なく続けられねばならない。

「復帰」十一周年の現在、われわれの周辺には、怒号する風景が、ともに減っている。

しかし、ジャーナリズムが時流におもね、状況に棹差《さお》して流れてしまえば、ジャーナリズムの存在理由はなくなる。

「勝者」の幻想にひたっている民衆の大部分が、すでに、敗北の原点を忘却しつつあるとしても、なお木鐸《ぼくたく》を鳴らし続けることこそが、ジャーナリズムの使命にほかならない。

最近行なわれた琉大の県民意識変容調査によれば、復帰を「たいへん良い」「まあ良い」と肯定的に評価した者が、五七・九％であったという。こうした風潮は、日本政府による復帰施策の政策的成功を語っているかのようにみえる。

政府は、沖縄にたいし、復帰十年間で、沖縄振興開発費として、一兆二〇〇〇億円の財政資金を投入し、その大部分が道路整備に使われた。すでに占領米軍によって勝手気ままに接収されつくりあげられた相当の幅員をもった軍用道路を改修することは、それほど困難なことではなかったであろう。だが、奄美の道路は、はじめ町村の予算による町村道としてはじまったため、買収予算の手当がつかず、土地は各部落に無償提供させて建設されたといわれている。

奄美の場合、教育環境は復帰によって早くから整備されたが、道路などの産業基盤の整備はかなり遅れたという。復帰時十年計画で策定された奄美群島復興特別措置法は、いまの五年ごとの時限立法、奄美群島振興開発特別措置法（奄振）に引きつがれている。今年で切れる奄振の延長問題、国庫補助率の沖縄並み引き上げなど、その内容的改善が、復帰三十年経たいまなお、奄美最大の課題だとすれば、奄美の復帰とは何だったのか――。

こうした財政面のほか、復帰のさいの制度的一体化のための制度的措置も、奄美の場合、国家の一般的モノサシで、無慈悲に断行された。「資格」面で言えば、たとえば、復帰前の裁判官を一般職に降格するなどドラスティックな処分をおこなったが、沖縄の場合、周知のとおり、「復帰」前のそうした資格は、復帰時点の現状のまま、旧慣温存的にほぼ一〇〇パーセント救済されたのであった。

復帰時二二万人だった奄美の人口が、一五万人余に激減したのにたいし、沖縄の場合は予想に反し、復帰時の人口は減るどころから増加さえしている。そして基地対策経費としての軍用地料などの大盤振る舞いなどもあって、いまや沖縄社会のなかに、かつての「三条貴族」にかわる「復帰貴族」とも称すべき部分と、そうでない部分との階層分化が進んでいる。つまり、「復帰」による得失のバランスシートは、ちがう条件下の県民個々人にとってほぼ確定されたと言ってよい。

軍事要塞の島沖縄

日本政府が、奄美の場合と比較して、沖縄にかくも大量の財政資金を注ぎ込み、アメリカ軍政時代の旧制度を、みなし立法などの特別措置で日本の国家制度として認知温存し、あらゆる面で、厚遇する政策に出た理由は、沖縄基地の安定的確保という政策的要請以外には考えられない。むろん八年と二十七年という占領期間の差は、たしかに社会のひずみの度合いの点で無視しえないファクターであろう。そのほか、「郡」と「県」の行政主体のちがい、歴史的・地理的環境の相違も同様である。だが、なによりも奄美諸島が、日本本土と沖縄の間の軍事的「谷間」にあって、軍事価値の面から、現在のところ、あまり国家的関心をひかないという点が決定的だと思われる。つまり沖縄は、まさに軍事要塞としてしか生かされていないという冷厳な事実を、奄美の現状が教えている。

奄美が、「沖縄並み」を求め、空港のジェット化、道路の整備、観光施設の整備等に狂奔することは、むしろ地域的自殺行為に思えてならない。

ソ連の核兵器発射装置の照準が、ピタリ、基地沖縄に定められていることが明らかになっている現在、「琉球弧」が生き残るための島々の自立と連帯は、どのようにして可能なのか。ただそのさい、「琉球弧」という言葉に地理学上の意味以上のことを付与するのは、島々の〝同質性〟に過大にもたれかかったロマンティシズムにすぎないのではないのか。——鹿児島でもなく、沖縄でもないアンビヴァレンスを秘めた奄美人の心が、そのことのなによりの証左のように、わたしには思える。

編集部に五・一五の感懐を問われたとき、なぜかわたしの脳裏を、津波のように押し寄せる奄美大島の山々が去来した。そして古仁屋から名瀬まで車で送ってくれた初対面のAさんのはにかんだ顔も……。

※カヤウチバンタ　国頭村宜名真の戻る道を登りつめたところにある断崖の景勝地（『沖縄大百科事典』）

「本土」という言葉を考える

歌は世につれ世は歌につれ、という伝でいけば、言葉もまた、世につれ世も言葉につれ、それぞれが相互に交錯し影響しあうといいうる。

死語に近い「復帰」

七二年「本土復帰」の世替わりから、はや十二年。昔なつかしき「復帰」という言葉は、いまや、はるか遠い彼方に消えうせ、日常用語としても死語に近い。七二年以前の沖縄において、「復帰」という言葉の内容は、語るべからざるものであると考えられていた。人びとにとって、それはあまりに自明のことのように思われたのだ。しかし、それはじつは、純然たる政治的幻想にすぎなかった。「復帰」生活を享受しながら、「復帰」という言葉が、毎年五月だけの記念行事の場に登場するほかは、地をはらうように、人びとのヴォキャブラリーのなかからきれいさっぱり退却している現実が、そのことのよき証明である。幻想は醒めたのである。

「復帰」によって、皮肉にも「復帰」という言葉は死んだ。だが、その一方で、「本土」という言葉は、日常会話のなかで、マスコミのなかで、ますますいきおいを増して瀰漫《びまん》している。どうしていままさに「本土」なのか。かつては、「本土」ではなく「日本」、すなわち沖縄⇅日本という二元論的発想法が、この地の習慣的＝主流的思想方法だった。不可抗的必然性をもって、「沖縄では……、日本では……」とならざるをえなかったわけだ。そこには丸ごとの日本と拮抗する沖縄のイメージ、その文化的優位性にたいする自信と誇りを隠しもつ無意識の構造が、ひそかに構築されていた。アメリカの占領支配下において、沖縄は、むしろ、より多く「独立」していたのだ——人びとの観念のなかで。裏返して言えば、沖縄の人びとの観念のなかで、沖縄は日本と切れていたということである。それがまた、沖縄を除く普通の日本人の意識水準にほかならなかった。

多種多様の復帰施策は、沖縄の日本的意識の培養強化の原基となった。その分だけ、沖縄人の沖縄的意識は減殺された。沖縄⇅日本という二元論的発想法が、全社会的にほぼ死滅した社会史的秘密はここに隠されている。

かくて、「復帰」も「日本」も、言葉として死んだ。「本土」という言葉が、いまは主役の座にある。

いずれの時代、国家を問わず、「本土」とか「内地」とかという言葉には、「属国」人あるいは「島」人など辺境人（マージナル・マン）の、「本国」人にたいする屈折した心理が、隠微なかたちで秘められている。

沖縄にとって、「本土」とは何か。なぜ「他府県」ではいけないのか。そして与論島以北の琉球列島人を「ヤマトゥンチュ」の範疇に入れない「ウチナーンチュ」の感性の質は、どの程度のレベルのものなのか。

個人の外傷的体験

ここで、ふた昔前の忘れ得ぬ、いわば、ひとつの個人史的外傷体験を思い出す。東京での学生時代、福島県出身の一学友と北海道の旅をしたときのことだ。その旅中の汽車で、相席の地元の婦人から、「内地から来たのですか」と声をかけられたことがある。福島の男は、当然ながら、そうです、と答えた。しかし、わたしはうろたえた。沖縄の単独占有物とばかり思い込んでいた「内地」という言葉を内地で聞いた驚きと感動。れっきとした東京都民である(あった)わたしも、いちおう、「内地」人にはちがいない。しかし、おのれの出自たる沖縄、あの「法的怪物」たるサンフランシスコ条約第三条下の「オキナワ」は、北海道にとって「内地」であろうか? 婦人の言葉に瞬時味わった名状しがたい、いやしい優越感は、たちまち、劣等感の暗い深淵に飲み込まれた。「沖縄」に呪縛されそれと心中する思いで生きていた若者の心は、無残に裂けていた……。

「本土」という言葉は、たんなる地理的概念として思考経済上使用されるばかりではない。沖縄の民衆の、もろもろの歴史的遺恨で充たされた思想的レトルトとして、ひとつの巨大な抽象たる一般条項として、それは、沖縄社会を解読するキーワードたる性格を失うことはない。(沖縄↕本土)という発想法が生き続けることは、(沖縄↕日本的発想の時代より弱いかたちではあるかにせよ)なお沖縄人が、沖縄的なるものにこだわり続けるという無言の宣言を外に向かって発するとともに、内にあって、みずから自立の意志と力を有し続けていることの証左といえよう。「沖縄」から沖縄人を解放する道は、むしろ徹底的に沖縄的なるものにこだわることによってしか切り開かれない。そうしたなかから、「沖縄」のワクを突き破る「世界のウチナーンチュ」が陸続と輩出するであろう。

こうして、「本土」という言葉は、沖縄と（沖縄を除いた）日本社会との対抗的関係概念として、対外的に有用なものであるとともに、内部的には、沖縄の共同体社会のゲマインシャフト的統合を喚起する神秘力として機能し続けるものと考える。それが続くかぎり、沖縄は生き残る。たとえ、その言葉もまた、死滅の運命を背負った、沖縄の一時代の、新たなる幻想体系のひとつかもしれないとしても……。

国体の「国体」思想を排す

海邦国体まであと一年という今年（一九八六年）の四月に、わたしは、二年間の予定で宮古島へ単身赴任して来ている。糧食を維持するためのサラリーマンの、はかなくも悲しい宿命を受け取ったというわけだ。

単身赴任がはじめての経験なら、先島、とりわけ強烈な地域特性を誇る宮古での生活体験も、はじめてのことだ。夫婦、親子関係の希薄化＝家庭崩壊への危険な序曲ともなりかねない単身赴任の問題は、いまや日本のひとつの病理を表現する社会的現象として、近時、にわかに注目されはじめている。そうした単身赴任の問題性にもかかわらず、宮古転勤の打診を受けたとき、わたしは、わが意を得たり、と内心ひそかに快哉の思いを噛み殺していたように思う。わたしの、宮古という地への年来のあこがれがその動因だが、生来の思想的怠惰心も同時にそれと重なった――宮古島蟄居で、沖縄本島での国体とそれをめぐる一連の「騒乱」状況から物理的に身を引き離すことができる、シメシメ、これで楽々高みの見物ができるぞ――と。いわば、その思想的逃走が、永遠なる逃亡ではないとおのれに言い聞かせることによって、自己嫌悪の情は、思いのほか浅かったのであった。

こうして、わたしは、しかるべき関係知友に一片のアイサツもアイサツ状もなしに、啄木ではないが、「石もて追わるるが如く」逃げるように、短小の音楽機器と最小限の日用品、それにひとかかえのドストエフスキー全集、公務用図書少々を十八年前の新車・愛車ボロクソワーゲンに積み込み、フェリー「玉龍」で、宮古入りしたわけであった。

だが、「逃げた」つもりが、新聞や雑誌の編集者の耳は早い。赴任酒（？）で酔眼朦朧のわたしを、S新聞社のN記者は、しっかりと電話口に呼び出して、「天皇論」の原稿を依頼してきた（これはなんとか逃げ切ったが）し、東京の編集者から南海の宮古島まで、キチンと電話がつながる不思議さをも体験した。しかし、今度ばかりはダメだった。本誌編集担当者の巧妙な囲い込みの話術にはめられて、ついに逃げ場を失ってしまった。おそらくは、国体とはなんらのかかわりももたないであろう、ひとりの男の、これもまたひとつの「国体と私」の少数派的ありようだと自己納得して、浅はかにも原稿を引き受けてしまった。

なにを隠そう、わたしは、ガンバリとか根性とかというものには、きわめて涙もろい男で、スポーツマン・シップという特殊な精神構造には、メロメロの親近感を寄せてしまう手合いなのだ。自分自身、二日も卓球をしないと生きてる気がしない〈凝りアン〉でもある。つまりは、スポーツに秘められた政治的陰謀に、やすやすと乗せられやすい世の多数派のひとりなのである。ヒットラーの権力史が語るように、ナショナリズムとか排外主義とかという偏狭な思想とスポーツとは、暗闇でこっそり手をつなぎやすいという歴史の教訓に、警戒して警戒しすぎるということはあるまい。

しかし、人間の感性というものはスポーツのもつそうした否定的契機に容易に繰り込まれてしまいがちなものだ。

さて、宮古上陸早々、わたしは、第二回全日本トライアスロン宮古島大会という、なんとも不思議なスポーツの祭典に、一日中、我を忘れてつき合ってしまったのだった。宮古島のほとんどすべての人間が、沿道や町角のどこかで四百余名の選手たちと交歓する、なんとも形容しがたい無私の人間的連帯と熱狂は、いったい、何であるのか。「○○さん、ガンバッテ、ワイドー！　ワイドゥ」と宮古方言で、選手一人ひとりへの激励をし続け、ほとんど一日中、おのれ自身と闘っている最後のマラソン走者が夜陰の町中を通過した午後十一時前まで、多くの人びとは、声援の沿道から立ち去ろうとはしなかったのである。

　その大会が、特定の観光資本の経営戦略のなかから発想されたものだとしても、そのことは自分たちとは関係ないことでござんすといわんばかりの熱狂ぶりなのだ。

　トライアスロンのために生まれてきたような宮古島の地形風土、熱狂にひそむ宮古人の燃えるようなアララガマ精神、共有するミヤコという土地への帰属感、そうしたものが競合し合い、一体となって、トライアスロン大会の成功があったと思われる。

　しかし、なによりも本質的な成功要因は、参加選手の一人ひとりが、どこの地域や組織をも代表しない、強いて言えば、ひとりの個人はその個人しか代表しないという「私《わたくし》」性、まさにスポーツの原点ともいうべきヒューマンなものが、そこに脈々と生きていたことが、人びとの共感と感動を呼びおこす力となっていたことは疑うことができない。

　しかるに、他方、国体のありようは、まさにそれとは正反対なものである。選手はつねに「郷土」の栄光と結びつけられ、開催地の府県が必ず総合第一位になるというのも、「政治」主義的な不自然さが感じられてならない。

　昭和二十一年、戦後民主主義の嫡出子として出発したはずの国民体育大会（国体）に、天皇、日の丸、君が代などというアンシャンレジーム（旧制度）的シンボルが横行闊歩する図式は、国体生誕の原初の精神に反することは明らかである。そうしたシンボルに近い位置にあると幻想する者たちのなかに、おのれの精神的腐敗を〈社会的地位〉で隠蔽しているにすぎない徒輩がいるのだ（入学卒業式等での頑強な日の丸推進主義者だった某市教育長の汚職事件は我々に何を語っているのか）。

復帰後の沖縄は、ことごとく現実によって裏切られてきた。状況の負の影は、沖縄に寄り添って離れようとしない。ここで並の日本国・沖縄県の存在証明を求められている側が、国体を「公」つまり「国体」（それは、旧憲法下の天皇像、日の丸、君が代に表象される）発揚の場に変転せんとする政治戦略を立てることは、論理的必然性がある。しかし、国体をスポーツの原点、すなわち完全な「私《わたくし》」の領域に戻すことなしには、宮古島の人びとがトライアスロン大会に熱狂するように、民衆を国体へ誘い、国体をスポーツ本来の人間的＝地際的交流の場とすることはできないであろう。スポーツの「郷土」代表化は、甲子園の高校野球で十分だ。

国体発足原初の民主的時代精神からすれば、じつは、国体をめぐる日の丸、君が代問題というのも、反国体思想＝反民主的思想を抱くウルトラ・保守主義者にのみ固有の「国体」的＝末梢的問題であるにすぎない。

「吉本南島論」を聴いて※

二十五年ぶりのゴタイメンではあった。

一九六三年十月十日、寮祭に羽仁五郎氏と日替わりでお呼びした氏と、東京の大学寮のラウンジで、氏のすぐ横で、それこそひざを交えて、寮生のひとりとして、懇談したとき以来のことである。「六〇年安保」で敗北し、かなりの程度に政治的エネルギーを消耗した学生たちが、一転して非政治化し、夢破れたナロードニキのごとき風ぼうで、文学を、思想を、《世界》を語り始めた時代であった。政治的挫折を文学的韜晦《とうかい》に置き換える、ひとつの、いわば知的流行があった。氏は当時すでに、熱烈な読者をもつ高名なる戦闘的評論家で、安保闘争のなかの党派闘争でも勇名を馳せ、学生ことに特定セクトの学生運動のクロウト筋の輝けるアイドル・スターであった。

しかし、その日、よれよれのレーンコート姿で現われた氏の顔が、高邁《まい》なる思想家にしては、意外に庶民的だったこと、話の内容がもっぱら文学、小説論で、大江健三郎の作品をもっとも高く評価していたことを、なぜかいまなおはっきりと記憶している。

マルクスが、大英博物館に籠《こも》り、アジアを見ずして、「アジア的停滞」概念を創出したように、吉本氏は、沖縄に来ずして、「沖縄的土俗」の原型へ無限遡行《そこう》する作業を深化させ、独自の《南島論》を芽ぶかせてきた。ともに天才的な文献学者としての資質がもたらしたものであろう。《南島論》の全面的開花を予感させつつ、早くも二十年近くの歳月が流れている。

タイムス・ホールで、すこしよろけるように現われた吉本氏のお姿を目にした瞬間、〈吉本も老いたナ〉と、わたしは、呟《つぶや》いていた。肉体的な老いだけではない。その日の氏の話に、詩的イメージは喚起されたが、《吉本》思想としては、わたしにはことさら新鮮さは感じられなかった。《南島論》とは何か。沖縄の人間の口から、《南島論》という言葉が発せられるとき、なんとも奇妙きてれつに響く。それは、東京からの〈帝国主義〉的用語法の誤用ではないか。那覇の街を初めて見て、「那覇も大都会ではないか」と思ったと語る深層のなかに、はしなくも氏の沖縄的原像が隠されていないか。沖縄の構造認識の欠落・誤謬が、沖縄への思想的営為を遅延させたと思うのだ。

※思想家吉本隆明氏が一九八八年十二月、初来沖し、シンポジウム（吉本隆明を聴く——琉球弧の喚起力と「南島論」の可能性——）で講演した。

あとがき

公約を破り捨て、松下政経塾出身らの未熟な〈政治小僧〉の政治的無能を露呈させた民主党政権への国民の怒りと絶望、そして十指にあまる野党の多党分裂にも助けられて、憲法違反の選挙制度の下での二〇一二年の衆院選で、半数にはるかに満たない得票で得た不条理な圧倒的多数の与党議席の上に成立した第二次安倍晋三内閣。東條内閣の商工相として日米開戦に副署しA級戦犯として巣鴨刑務所に収監され、東條以下、内閣閣僚と同様なら、絞首刑にされるべきところを免れて政界復帰後は憲法改正・再軍備の頑強な主張者であった安倍晋三の祖父岸信介。その岸の宿業を果たすべく、安倍晋三一派の立憲主義破壊の憲法クーデターが着々と進行している。安倍自民党内閣は、二〇一三年の年末、戦前の警察国家を生んだ治安維持法を再来させる特定秘密保護法を強行採決し、ついに、二〇一四年七月一日、憲法九条のもとでの集団的自衛権の行使を否認してきた憲法学会の通説はもちろん歴代内閣や内閣法制局の政府見解をも無視し、自公の密室協議の猿芝居のあと、集団的自衛権の行使を容認する憲法解釈変更の閣議決定を行なった。

一九三三年三月、ヒトラー政権による授権法をはじめとする一連の立法は、国民主権主義、基本権保障における社会主義的色彩を内容とした、第一次大戦後のドイツ革命の果実たるドイツ共和国憲法（ワイマール憲法）を形骸化し、ナチス独裁体制を成立させ、第二次世界大戦への道を開いた。

日本版ヒトラー＝安倍晋三は、沖縄をアメリカに売り飛ばしたサンフランシスコ講和条約締結の立役者吉田茂首相の孫・麻生副総理の教示どおり、ヒトラーの轍を踏み「戦争国家」への道へ暴走し始めた。沖縄の民意を公然と無視し、国家の暴力装置を総動員して自然豊かな辺野古の海に米軍新基地の建設を強行しようとするのもその一連の策動である。現在はその「戦前」にあたるというべきではないか。ナチスによって著書を焼かれヒトラーの台頭によって亡命の旅を余儀なくされて、一九四二年亡命先のブラジルで自殺したウィーン生まれのユダヤ人作家シュテファン・ツヴァイクは、その自伝において次のように書いている。

ありとあらゆる最も相異なり、最も相対立する党派が、あらゆる階級、党派、方向にたいしてすべてを約束し誓ったこの『無名の兵士』（＝ヒトラー、筆者注）を彼らの友と見なしたのである。――ドイツのユダヤ人たちさえ、たいして不安を感じはしなかった。（中略）そして結局、法がしっかり錨を下ろしている国、議会においては多数が彼と反対の立場に立ち、どの国民もおごそかに誓われた憲法によって自分の自由と権利の平等とを保証されていると感じている国においては、彼はどうして暴力的なことを貫徹できるであろうか、と思い込んでしまった。（原田義人訳『昨日の世界』みすず書房）

暴走する安倍内閣の道行きを見定めるため、歴史のなかから教訓として学ぶべきことがあまりに多い。

＊

裁判官として刑事事件を判断するさいには、わたしは日本国憲法とその精神を常に念頭においてきた。たとえば、被疑者の身柄の拘束を求める捜査・検察の請求を他の裁判官ほどには、身柄拘束を安易に認めるようなことはしなかった。憲法の該当条文とそのもとにある刑事訴訟法等を厳格に解釈して、刑事捜査は「任意捜査」が原則であって、被疑者の身体を拘束しての「強制捜査」（「人質司法」と批判されている）は例外であるという学会の通説にしたがったのだ。しかし、裁判実務の世界では、ややもすれば、本来例外であるべき「強制捜査」を原則視する傾向があった。わたしが担当する令状関係事件の担当検事・警察署は「請求却下を恐れた」と、ある勤務地での送別会で、その地の検察官に冗談めかして言われたことがあるが、意外と本音だったかもしれない。

民事事件の判断の場合は、争う両方の当事者にたいし中立公平に接し判断することが重要だが、たとえば、一方当事者だけに弁護士代理人がついた場合には、代理人のいない他方の当事者を「弱者」と見て、民事訴訟の原則である「武器平等の原則」（紛争の当事者は同じ力、程度の武器を持つべきとの原則）の立場から、裁判官としては弱い武器しか持たない本人だけの側に軸足をおいた訴訟指揮をした。その結果、代理人のつかない本人だけの側が弁護士側に勝った民事事件も少なくなく、そのようなわたしの判決が最高裁判所のホームページの判決集で紹介されたのを関西大学法学部の研究室が教材として利用したこともあった。各地で一緒に民事事件とかかわった多くの調停委員や弁護士から「熱血裁判官」の異名をいただき、その土地を離れてなお十数年たっても、多くの関係者と交流が続いている。

＊

二〇一〇年十二月に東京で裁判官を定年で退官した。退官後は帰郷して、「晴耕雨読」ならぬ晴読雨読の生活を満喫し、買いおいた「日本思想体系」など気の向くままの読書三昧で日を過ごすつもりでいた。

しかし、安倍内閣が非核三原則や武器輸出の禁止などの従前の国家施策を無視し、特殊偏狭な歴史観を教科書検定でおしつけたり「道徳・愛国」教育を強化するなど教育への介入が顕著になり、いよいよ日本国憲法があらゆる面で憲法本来の規範力を失いかねない重大な危機に立ち至った時代を迎えてしまった。

そのようなとき、二〇一三年十二月末の仲井眞沖縄県知事（わたしは、本書においてこの人物についいて、「例の男」「県知事の男」などとして、固有名詞での記載はしていない。わたしとも若干のかかわりのあるこの男の固有名詞を文字にするには、「文字が汚れる」という思いからあえてそうしたのである）と安倍政権側との公開会談のなかで、仮病だと疑われた東京での病院入院中に周到に談合されたと思われる「アメ」と総理の空手形の言辞にたいし、知事が「驚くべき内容」と言って驚喜し、沖縄を代表して感謝申し上げ、「いい正月を迎えられる」とはしゃぐ茶番劇を演じるテレビ中継が流された。戦後沖縄の政治史において繰り返されてきたリーダーの裏切りによる民意の〈転覆〉がまたしても再現されたわけだ。沖縄にとって容易ならざる時代がはじまったのである。沖縄における日本国憲法の危機的情況にたいし市民の具体的行動が求められていた。その結果、憲法危機のなかの沖縄の自立について、思いをめぐらし、以前から考えていた「九条の会」を地域で立ち上げ、改憲阻止の行動に立ち上がる決意を個人的に固めていた。ちょうどそのころ、住所地の市民の間で九条の会結成の動きがあり、それとうまく噛み合って、二〇一四年二月「うるま市具志川九条の会」を結成し、共同代表に就いた。憲法講演の講師をしたり、会報に憲法講座を掲載したり、集団的自衛権容認の閣議決定の撤回要請決議をするよう市議会へ請願活動したり署名活動などをするほか、毎週土曜日には、「九条の会」の会員とともに辺野古の米軍基地、キャンプ・シュワブのゲート前での抗議行動に参加してきた。

*

ひとは齢《よわい》を重ねれば重ねるほど「自分たちよりはるかに卓越した因子や人物が世間には存在する」（ユング『自我と無意識との関係』人文書院）ことを痛切に思い知らされることになる。

わたしは、かつて若かりしころに出した愚著の「あとがき」で「老若男女を問わず、そのような〈にんげん〉が生きてあり、存在しているという事実だけで、おのれの生が励まされ、力づけられ、楽しくなり、この世も捨てたものではないと思わせるような種類の〈にんげん〉がいる。地下水脈のように存在するそのような人々との出会いの質と量によって、人生の様相は変わってくる」と書いた。

しかし、老いたる者にとってそのような〈にんげん〉（「自分よりはるかに卓越した人物」）に出会うチャンスは若者と異なり、年ごとに減少していく。

わたしは、この年ではもうそんな〈にんげん〉に出会うことはないだろうと思っていたのだが、今回、ひとりの〈にんげん〉に会うことができた。その〈にんげん〉とは、二〇一四年七月十二日、那覇市内でのあるシンポジウムで大田昌秀（元県知事）、三木健（琉球新報元編集局長）、長元朝浩（沖縄タイムス元論説委員長）氏らとともに発言者であったわたしの発言を聞いていた西谷能英氏のことである。あとで知ったことだが、西谷氏は、あらゆる領域にたいして筆鋒鋭い社会批判を続け「出版とは闘争である」というほどの脈々と硬派の血がかよう異色の編集者である。

氏は、わたしの学生時代の座右の書で五〇年以上も手元におく丸山眞男の不朽の名著『現代政治の思想と行動』を出版したことで有名な専門書出版の未來社の社長でもある。丸山さん（この会社ではどんな偉い人でもすべて「さん」づけで呼ぶらしい）がこの世界的に有名な書を未來社から出したこと自体、この出版社の情熱と社風にその淵源があるのであろう。大学で丸山教授の「東洋政治思想史」を聞き、他の教授でなく偶然にせよ、丸山教授自身の手から大学の卒業証書を直接受け取ったわたしとしては、なにかの因縁を感じざるを得ない。

西谷氏の「沖縄」にかける思いも尋常なものではないことは後日の資料でわかったが、未知との遭遇であったその日、はじめて会って何時間かあとには、わたしと西谷氏との間で口頭での出版契約が成立したのであった。わたしにはそうする理由があった。すなわち十一月の県知事選挙や辺野古新基地建設問題など切迫した沖縄の現実情況への発言の重要性である。わたしにとっては、まさに渡りに舟であった。わたしは「契約」どおり、書き下ろした原稿を一か月後、八月十二日に送付した。

＊

第一部「憲法危機のなかの沖縄自立」は、二〇一四年十一月十六日の沖縄県知事選挙の勝利→普天間基地の辺野古移設の阻止→安倍ファッショ内閣の打倒→憲法改悪阻止へと連動して沖縄そして日本全国において繰り広げたい、繰り広げられるであろう政治情況のゆくえに関心を寄せるすべての人々にたいし、その時どきの情況の局面において、読んでいただきたい一心から書いたものである。そうした現実的、あまりに現実的な思考に反し、第二部においては新聞社の依頼で三十三年前にわたしが起草した琉球共和国憲法私（試）案や戦後沖縄の歴史の彼方に消えた琉球独立論など、ある意味でのユートピア思想も提示されている。しかし、第一部の現実論と第二部のユートピア思想は矛盾する対立物ではない。「もともとユートピア思想というのは夢想や幻想ではなくて、現実にたいする切迫した、またトータルな批判意識の所産」（丸山眞男『後衛の位置から』未來社）であることは自明のことだからである。

第三部には、「復帰」一〇年以後の沖縄の情況について、新聞や雑誌に書いた論稿を収めた。そのときどきの情況下で沖縄の自立を模索した思想的試みが読み取れるはずである。

第一部においてわたしの個人史として、「朝鮮特需」下の少年時代について、少々牧歌的に触れたのは、わたしのみでなく、それが同時に戦後沖縄の一般的な少年の生きざまを示すことによって、こどもはそばで静かに見守る健全な大人社会があれば、どのような社会、いかなる逆境にあっても、自然に自分の道を見つけて成長するものであること、あせらずおおらかに子育てをするようにと子育て世代にアピールしたかったからである。しかし、国家権力が憲法によって制限され立憲主義が生きている健全な社会を作り、守り、それを次世代に受け渡す義務と責任はまさに大人にある。

したがって、この子たち、わたしの希望の星である孫の莞爾たちが将来徴兵されるような「戦争ができる日本」へと右旋回している安倍一派の政治生命を断つ国民運動の胎動が始まることが期待されている。

＊

二〇一四年十一月の沖縄県知事選挙は、沖縄の民意を無視し、海上保安庁、防衛局、警察を総動員し辺野古移設工事に狂奔する安倍内閣、正確にいえば、憲法違反の選挙で選ばれた無資格国会の指名で、「国家権力」を僭窃《せんせつ》している安倍一派による国家悪に立ち向かう民衆蜂起の性格をもたざるをえない。この選挙は沖縄の未来を決する大きな歴史的意義をもつ。安倍一派の辺野古基地建設強行こそは沖縄差別を明確に示す決定的な蛮行にほかならず、沖縄は、憲法クーデターによって憲法危機を公然化させ戦争国家へひた走る安倍晋三壊憲内閣と対峙して構造差別を断ち、悠久の自立へ向かう歴史的転換点を迎えようとしている。

＊

本書は、出版をお勧めいただいた未來社の西谷能英社長の人間にたいする鋭い眼力と長年沖縄に関心を寄せ続けてこられた情熱の産物である。細部にわたる用語法、内容、技術的な問題について氏とたび重ねたコラボレーションがなかったら、本書が陽の目を見ることはなかった。
末尾ながら、西谷さんに満腔の謝意を表します。

二〇一四年八月二十八日

仲宗根勇

初出一覧

憲法危機のなかの沖縄自立　　書き下ろし

「沖縄自立」の夢遠く　　「毎日新聞」1985年6月21日号夕刊
琉球共和国憲法F私（試）案　　「新沖縄文学」48号（1981年6月）
琉球共和国の理念と前提　　『沖縄自立への挑戦』（社会思想社、1982年5月）
立ち枯れた沖縄独立共和国の夢——沖縄民主同盟（原題「沖縄民主同盟——立ち枯れた沖縄独立共和国の夢」）　　「新沖縄文学」53号（1982年9月）
沖縄における天皇制と日の丸・君が代　　「新沖縄文学」臨時増刊号（1986年1月）
〝国家〟観念の世界史的変質——「多国籍軍」とは何だったのか　　「新沖縄文学」88号（1991年6月）

沖縄少数派通信　　「現代の眼」1982年4月号〜9月号
復帰十年に思う——不可視の〈国境〉のなかから　　「琉球新報」1982年5月13日号〜14日号
復帰十年の軌跡——表層と深層を考える　　「沖縄タイムス」1982年5月17日号
沖縄'82論壇　　「沖縄タイムス」1982年12月18日号、20日号、21日号
'83回顧　思想　　「沖縄タイムス」1983年12月20日号
辺境に寄せる国家の関心——なぜ、いま首相訪沖なのか　　「琉球新報」1981年9月12日号〜13日号
5・15異見——私的状況から　　「沖縄タイムス」1983年5月12日号〜13日号
「本土」という言葉を考える　　「琉球新報」1984年5月11日号
国体の「国体」思想を排す　　「新沖縄文学」69号（1986年9月）
「吉本南島論」を聴いて　　「沖縄タイムス」1988年12月21日号

●著者略歴
仲宗根勇（なかそね・いさむ）

1941 年　沖縄県うるま市（旧具志川市）生まれ。
1959 年　前原高等学校卒業
1965 年　東京大学法学部（第 1 類・私法コース）卒業
1965 年　琉球政府公務員となる　琉球政府裁判所入所
1969 年「沖縄タイムス」社発行の総合雑誌「新沖縄文学」初の懸賞論文「私の内なる祖国」に入選、以後公務のかたわら新聞、雑誌、自治体の市史等での評論、編纂・執筆活動を続ける。
1992 年　最高裁判所の簡易裁判所判事試験に沖縄県から初合格・裁判官任官
1992 ～ 2007 年　沖縄県（那覇、石垣、沖縄）福岡県内（福岡、柳川、折尾）の各裁判所に勤務
2008 ～ 2010 年　東京簡易裁判所に転勤・定年退官
2014 年～　うるま市具志川九条の会　共同代表
著書――『沖縄少数派――その思想的遺言』（1981 年　三一書房）

沖縄差別と闘う
——悠久の自立を求めて

発行——二〇一四年九月三十日　初版第一刷発行

定価——本体一八〇〇円＋税

著者——仲宗根勇

発行者——西谷能英

発行所——株式会社　未來社
東京都文京区小石川三—七—二
電話　〇三—三八一四—五五二一
http://www.miraisha.co.jp/
email:info@miraisha.co.jp
振替〇〇一七〇—三—八七三八五

印刷・製本——萩原印刷

ISBN978-4-624-41099-5 C0036

知念ウシ・與儀秀武・桃原一彦・赤嶺ゆかり著

沖縄、脱植民地への胎動

PR誌「未来」連載「沖縄からの報告」二〇一二年～二〇一四年までを収録。普天間基地問題、竹富町教科書問題などを批判し、沖縄の「脱植民地」をめざす思索と実践を報告する。　二二〇〇円

知念ウシ・與儀秀武・後田多敦・桃原一彦著

闘争する境界

〔復帰後世代の沖縄からの報告〕「未来」連載「沖縄からの報告」二〇一〇～二〇一二年までを収録。ケヴィン・メアの暴言、基地問題などをめぐる沖縄からの反応をとりあげる。　一八〇〇円

喜納昌吉著

沖縄の自己決定権

〔地球の涙に虹がかかるまで〕迷走する普天間基地移設問題に「平和の哲学」をもって挑みつづける氏が、沖縄独立をも視野に入れ、国連を中心とする人類共生のヴィジョンを訴える。一四〇〇円

高良勉著

魂振り

〔沖縄文化・芸術論〕著者独自の論点である〈文化遺伝子論〉を軸に沖縄と日本、少数民族との関係、また東アジア各国において琉球人のありかたについても考察を加えた一冊。　二八〇〇円

丸山眞男著

［新装版］現代政治の思想と行動

日本ファシズム、天皇制の分析、コミュニズムのイデオロギーをめぐる問題等を論じた諸論考を所収、発表より現在にいたるまで繰り返し読まれ、言及され、論じられるロングセラー。三八〇〇円

丸山眞男著

後衛の位置から

〔『現代政治の思想と行動』追補〕英訳版『現代政治の思想と行動』著者序文、「憲法第九条をめぐる若干の考察」、「近代日本の知識人」の3篇と、英訳版への海外の書評5篇を収載。　二二〇〇円